安全领导力书系

Routledge
Taylor & Francis Group

安全关系力

管理者如何用关系纽带唤醒员工安全参与

［美］罗莎·安东尼娅·卡里略（Rosa Antonia Carrillo）◎著
朱亚威◎译

The Relationship Factor in Safety Leadersh

Achieving Success through Employee E

中国石化出版社
·北京·

著作权合同登记图字：01-2025-2456 号
The Relationship Factor in Safety Leadership:Achieving Success through Employee Engagement 1st Edition
By Rosa Antonia Carrillo/9781032177731

图书在版编目（CIP）数据

安全关系力：管理者如何用关系纽带唤醒员工安全参与 /（美）罗莎 · 安东尼娅 · 卡里略著；朱亚威译 . 北京：中国石化出版社，2025. 9. -- ISBN 978-7-5114-8031-6

Ⅰ. F272

中国国家版本馆 CIP 数据核字第 2025T991Y8 号

中国石化出版社出版发行

地址：北京市东城区安定门外大街 58 号
邮编：100011　电话：(010)57512500
发行部电话：(010)57512575
http://www.sinopec-press.com
E-mail：press@sinopec.com
北京科信印刷有限公司印刷
全国各地新华书店经销

*

710 毫米 ×1000 毫米 16 开本 9.75 印张 120 千字
2025 年 9 月第 1 版　2025 年 9 月第 1 次印刷
定价：72.00 元

目　录

译者的话 / Ⅰ
图表目录 / Ⅶ
前言 / Ⅸ
致谢 / Ⅺ
序 / ⅩⅢ

第 1 章　关系型安全领导力的必要性 / 001

1.1　关系型领导力——一种促进员工参与的策略 / 005
1.1.1　重新定义“人际关系” / 005
1.1.2　关系型领导力的策略模型 / 007
1.2　包容和归属感与安全有何关联？ / 009
1.3　能否通过人际关系对安全结果进行控制呢？ / 010
1.4　人际关系如何影响心理安全感呢？ / 015
1.4.1　过度的心理安全感会抑制成长吗？ / 015
1.4.2　国家文化会对心理安全感有影响吗？ / 018
参考文献 / 019

第 2 章　基于人际关系的相关研究综述 / 022

2.1　八大信念所依据的心理学原理 / 023
2.1.1　人本主义心理学 / 024

2.1.2 认知心理学与行为心理学 / 024
2.2 推理阶梯 / 025
2.2.1 社会心理学 / 026
2.2.2 群体规范与对权威的回应 / 027
2.3 人际关系与归属感背后的神经科学 / 028
2.3.1 为适应生存而演化出的生物构造 / 029
2.3.2 情绪应当被认真对待，而非强行压制 / 030
2.3.3 讲故事与大脑反应 / 031
2.4 复杂响应过程理论 / 031
2.4.1 关系心理学 / 033
2.4.2 乔治·赫伯特·米德的观点 / 034
2.4.3 欧文·戈夫曼的观点 / 034
2.4.4 诺伯特·埃利亚斯与权力关系 / 036
2.4.5 “复杂响应过程”概念在领导力场景中的实践应用 / 037
2.5 意义建构 / 038
微弱信号与鼓励人们主动直言 / 040
2.6 关系型领导力 / 041
2.6.1 关系型视角在关系型领导力中的应用 / 042
2.6.2 关系型领导者的故事讲述与对话实践 / 045
参考文献 / 047

第 3 章 关系型领导力八大信念与原则 / 053

3.1 信念 #1：真正的沟通发生在人际关系与信任并存的情况下 / 054
3.2 信念 #2：包容是责任担当的前提 / 056
3.3 信念 #3：创新、韧性、包容和责任担当相互依存 / 058
3.4 信念 #4：人们具备为所在组织作出贡献的能力与意愿 / 061
3.5 信念 #5：如果符合自身利益，人们会主动直言制止不安全状况 / 064

3.5.1 政策无法确保主动直言是安全的 / 066

3.5.2 如何才能有效激发人们主动直言呢？ / 067

3.6 信念 #6 ："偏离"是适应性人类行为的积极特质 / 068

3.7 信念 #7 ：先入之见和偏见会妨碍我们发现所见所闻中的真相 / 071

3.8 信念 #8 ：人际关系会影响情绪、感受和信念，进而影响决定 / 073

从信念到行动的实践练习 / 074

3.9 八大信念：该做的事与不该做的事 / 076

参考文献 / 077

第 4 章 信任管理：修复、建立及维系 / 080

4.1 员工和主管的关切焦点 / 082

4.2 行动计划与持续跟进 / 084

4.3 领导者开启信任 / 085

4.4 "文化"在信任中起作用吗？ / 088

4.5 破裂的关系能够修复吗？大多数情况下可以 / 089

4.6 信任建设具有个人属性 / 091

参考文献 / 093

第 5 章 关系型世界中的问题解决模式 / 095

5.1 组织能力扩展模型 / 097

5.2 五大领导力对话导向 / 099

5.3 解决具有挑战性的复杂问题 / 100

参考文献 / 101

第 6 章 五大领导力对话导向——融合共生 / 103

6.1 倾听 / 104

6.2 构建联结 / 104

参考文献 / 106

第 7 章　五大领导力对话导向——探究真相 / 107

促进意义建构 / 110

参考文献 / 111

第 8 章　五大领导力对话导向——坚定决心 / 112

8.1　逆境中的坚定决心 / 113

8.2　坚定决心会演变为固执吗？ / 114

参考文献 / 115

第 9 章　五大领导力对话导向——付诸行动 / 116

参考文献 / 119

第 10 章　五大领导力对话导向——坚持不懈 / 120

参考文献 / 122

第 11 章　总结——安全领导力的“关系革命” / 123

参考文献 / 127

附　录　提升心理安全感的团队活动 / 128

如何通过讲述个人故事创建心理安全感 / 129

分享的层次 / 129

“讲述你的故事”为何及如何有助于团队成长与个人发展 / 131

持续跟进，以便取得成果 / 133

作为领导者，你能做什么？ / 133

参考文献 / 134

译者的话

迄今二十余年的安全职业生涯中，无论是作为安全领域的实践者、咨询顾问，还是培训讲师，这些角色都使我得以从多维度深入安全生产管理一线：从深入一线实地勘察、掌握生产实况，到参与企业高层战略与管理方案制定，推动系统化安全治理；同时，也持续为基层团队提供培训与专业支持，助力安全能力全面提升。

这一过程让我清晰地认识到，不同组织在安全绩效上的显著差异，往往并不在于硬件设施或规章制度的完善程度，而更多源于管理理念与人文环境的本质区别。那些持续取得卓越安全表现的企业，普遍重视人的价值，致力于构建信任、开放、包容的组织关系；而仍处于被动应付、责任推诿状态的组织，则大多延续控制与指责式的传统管理模式。

在与许多安全专业人士交流的过程中，我常被问及如何提升安全管理能力，希望推荐相关书籍。然而，我国国内现有的安全管理著作多侧重于传统模式介绍与法律法规汇编，真正从“人”的角度出发、探讨领导力与组织行为的高质量内容仍较为匮乏。这也让我深感推荐之难。

正是这些观察与反思，成为我翻译《安全关系力》与《安全信任力》两本书的核心动力。我期望通过引入国际层面关于安全领导力、信任构建与人际作用的前沿理念，为我国安全生产领域的实践与对话注入新视角，推动从“管控”到“赋能”、从“合规”到“共建”的范式转变。

《安全关系力》与《安全信任力》作为姊妹篇，共同指向一个核心命题：人是安全的核心，信任是安全的前提，而关系则是安全的基石。传统安全管理长期依赖规章约束、技术防护与事后问责，其背后实质隐含了一种“人性本恶”的假设——将员工视为规则的被动执行者，甚至潜在的违规对象。这种模式不仅忽略了人作为安全系统中最具能动性与创造性的核心资源，也严重低估了信任与关系在协同防御与文化生成中的催化作用。

尽管组织在公开场合不断强调“人是最宝贵的资产”，也广泛认同人的归属感、主人翁意识与创新精神对运营绩效的贡献，但在安全实践中却常与之背离：员工往往被默认为安全隐患的来源；事故一旦发生，指责与惩罚仍为首要反应。这种将员工置于对立面的做法，不仅侵蚀其归属感与责任感，更压抑了其创新意愿，最终削弱组织整体的运营韧性与安全文化根基。

澳大利亚格里菲斯大学研究员大卫·普罗万博士指出：“安全科学的发展比其母学科（如心理学）滞后约三十年。”这种滞后体现为对惩罚性手段和形式化流程的长期依赖——这些做法不仅无法提升安全绩效，反而加深了管理层与员工之间的对立，持续损害信任与人际关系。而信任与良好关系，恰是安全治理中至关重要的“软性支撑”；缺失它们，开放沟通和集体责任便难以实现，安全管理亦容易流于表面和被动。

正如安全科学近年所不断揭示的：“人为失误”往往并非事故根源，而是深层系统缺陷的表征。唯有从认知层面实现根本转变——以信任为基础，将员工视为“解决问题的伙伴”而非“制造问题的对象”——我们才能真正走向以人为本、信任为纽带、关系驱动的新型安全治理。

这一重要转变，与我国《安全生产法》所倡导的立法导向高度契合。该法明确提出“三管三必须”原则，系统构建了企业负责、职工参与、政府监管、行业自律与社会监督的多元共治机制，并特别强调“全员安全生产责任制”的建立与落实。这些制度设计不仅拓展了责任主体，更从立法层面确认了员工在安全治理中的角色转变——从被动的执行者转变为主动的参与者、监督者和贡献者。与此同时，法律明确赋予了从业人员批评、检举、控告和拒绝违章指挥与强令冒险作业的权利，从而在制度层面为“信任”与“参与”提供了坚实的法律基础，体现了以关系和信任推动安全共治的现代治理理念。

然而，法律所规定的“参与”能否真正落地，极大程度上依赖于组织内部是否具备良好的关系质量与稳固的心理安全感。在我多年提供企业咨询与培训服务过程中，屡屡听到一线人员这样的反馈：“我们不是没有安全方面的意见，而是不敢说、没人听”“领导只下指令不对话，我们只好选择沉默”。一旦员工因担心后果而隐瞒隐患，因缺乏信任而拒绝沟通，再完善的制度也难以发挥作用。正如组织行为学所反复验证的：没有关系，就没有信任；没有信任，就没有真正的安全。新《安全生产法》所倡导的“全员参与”机制，其真正实现离不开组织内部信任文化的培育与关系能力的建设——而这正是《安全信任力》与《安全关系力》共同聚焦的核心议题。

《安全关系力》一书的作者罗莎·卡里略基于大量实证研究与真实案例，揭示出一个核心观点：安全绩效的差距本质上是“关系资本的差距”。她指出，真正需要转变的不是员工的行为，而是领导者的领导方式——应从传统的指令控制转向关系建立，从单方面问责转向双向承诺与共同承担。

书中不仅深刻批判了那些无意中破坏信任的常见管理实践（如忽视倾听、缺乏反馈、惩罚性问责等），也系统性地提出了构建“关系型安全领导力”的具体路径。该路径强调通过倾听、对话、反馈和赋能等日常管理行为，逐步积累信任、激发员工参与并最终塑造积极的安全文化。

本书与《安全信任力》相辅相成：前者聚焦“关系如何塑造安全”，后者深入“信任如何支撑安全”，二者共同构成从理念到实践的系统性安全领导力指引。在《安全关系力》中，读者将深入理解：

- 为什么人际关系的质量直接决定安全管理的效能；
- 为什么心理安全感是员工主动参与和主动直言的前提；
- 为什么领导者的信念转型与自我觉察是安全文化变革的起点。

更重要的是，书中提供的工具与策略——如建立安全对话机制、培养一线教练、开展关系导向的绩效反馈、关系型领导力的八大信念与原则等——都具有很强的操作性与适配性，可直接融入企业当前的安全管理实践，帮助组织实现从合规管理到文化引领的跨越。

本书的翻译工作由我独立完成。在翻译过程中，我始终以忠实原文实践性与启发性为首要原则，并充分考量中文读者的阅读习惯与管理语境，力求在准确传达原意的基础上提升文本的可读性与适用性。尽管已反复斟酌与校验，疏漏与不尽完善之处仍在所难免，恳请广大读者批评指正。

在此，我要特别感谢中国石化出版社的潘向阳主任与陈玲编辑。从版权引进到编辑校对，他们以高度的专业素养和严谨细致的工作态度为本书的出版提供了不可或缺的支持，在此谨致诚挚谢意。

愿《安全关系力》与《安全信任力》这两本姊妹译作，共同为我国安全生产工作的进阶提供系统化的理论参考与实践指南。本书所倡导的，不只是一套方法体系，更是一种立足于尊重、信任与共同成长的领导理念与文化导向。它从管理机制与文化根基两方面，为践行《安全生产法》所强调的“员工参与”与“全员安全生产责任制”提供了扎实的理论依据与实现路径。

安全，不应只是张贴于墙的标语、记录于册的规章，更应成为嵌入日常的信念、可见可感的关系和发自内心的承诺。唯有构建起彼此信任、相互负责的关系网络，安全才能真正从一个被动的管理目标，转化为一种内在的组织文化能力，进而为个人幸福感、企业稳健运行和社会的持续健康发展提供坚实支撑。

谨以这两部译作，献给所有为我国安全生产绩效提升而持续努力的管理者、实践者与一线同仁。我们坚信，人是安全的核心，信任是安全的前提，而关系则是安全的基石。愿我们以信任为纽带、以关系为基石，共同构建一个更安全、更开放、更人性化的工作世界；愿安全不仅成为我们内化于心的能力，更是经济社会持续健康发展不可或缺的根本保障。

朱亚威

2025 年 9 月

图表目录

图

1.1 …………………………………………………………… 007
2.1 …………………………………………………………… 026
5.1 …………………………………………………………… 097
5.2 …………………………………………………………… 099

表

2.1 …………………………………………………………… 032
2.2 …………………………………………………………… 042
3.1 …………………………………………………………… 076
4.1 …………………………………………………………… 083
5.1 …………………………………………………………… 100
7.1 …………………………………………………………… 111

专栏

4.1 …………………………………………………………… 082

前　言

本书记录了一段个人探索历程。基于25年担任组织发展顾问的工作（专注构建高绩效团队和减少事故），我最终得出结论：健康稳固的人际关系是组织成功的核心。最初，我采用系统化思维，将重点放在通过线性的逻辑化流程来管理变革。在帮助领导者设计提升绩效的组织系统时，我不断面对一个现实——人们在日常生活中经历着复杂性和不确定性。突发事件、冲突、需求波动和意外结果常常打乱精心制订的计划与愿景。任何取得的成功似乎都取决于领导者建立人际关系的能力，以及他们愿意倾听并响应员工需求的意愿，而非单纯依赖既定计划的设计。

1996年，一次重大的转折性经历为我开辟了新道路。我被派往乔治亚州某化工厂，协助工厂团队分析致命事故成因及防止此类事故再次发生的措施。正当我们进行组织系统分析时，有位员工不断插话强调：事故根本原因是缺乏信任与开放式沟通。我告诉他这些是表象而非根源，但他坚持己见。当我追问他的判断依据时，他透露员工曾多次向管理层反映设备隐患，却始终被忽视——管理层根本没有听取意见。

突然间，我意识到：我们的工作环境中充斥着预防事故的各类关键信息，但我们却视而不见、充耳不闻。很多时候员工都在试图警告我们，如果我们充耳不闻，那么将导致他们无法提供帮助。从那天起，我开始教导人们：信任与开放式沟通对工作氛围的安全和健康的重要性不亚于消除物理性危险。现在我甚至认为前者更重要——因为若工作氛围不安全、不健康，人们可能无视我们要求佩戴防护装备的警告，也不会主动上报发现的安全问题。如果我们不信任一线员工，就可能会选择性失聪。我还发现，建立信任需要先觉察自身情绪。既要出成果又不能犯错的双重压力无处不在。这种焦虑情绪会阻碍有效倾听，并影响我们在决策中吸纳外部视角的能力。

我越来越注意到领导风格与安全绩效之间存在关联。员工感知调查显示，在高层管理者被认为不关心员工的厂区，美国职业健康和安全管理局（OHSA）规定的可记录伤害数量明显偏高。当一位不关心员工的管理者取代了深受爱戴、重视员工的领导者后，OHSA 可记录伤害数量也会上升。在工作现场，在员工感知度调查中获得高信任评分的主管，其团队保持着零事故记录与高效产能；而信任评分较低的主管，员工受伤率居高不下且生产效能持续低迷，这一现实令我更加确信信任与绩效之间的紧密联系。

另外，我接触过一些试图通过强化管控和严格纪律措施来提升绩效的管理者。尽管这些管理者本意是增强员工个人责任感，但过度使用自身权威，反而引发了更多的抵触。矛盾的是，那些减少控制并将权力下放的领导者，反而提升了员工个人责任感；而那些削弱自主性的管理者，却降低了员工个人责任感。

本书希望领导者审视这样一种可能性：组织成员间人际关系的质量与本质，是一种促使个人行动转化为整体效益的无形力量。若个体间未能建立积极人际关系，成果也将相应受到限制。

这种方法需要具有一定程度的心智成熟度。本书分享的经验，源自于我个人不断增进自我认知与对他人经历的同理心这一历程。特别感谢那些直言相谏的同事，他们的指正让我得以纠偏改进。希望这些故事和我的学习心得，能帮助他人找到与人建立联结的成功之道，从而打造更安全、更具活力的工作环境。

致 谢

我要感谢那些在我的职业生涯和本书写作过程中给予我启发与支持的人们。首先，感谢我的启蒙导师 Richard Beckhard，他是第一个发现我具有成为变革推动者潜力的人。感谢 Edgar H. Schein，他既是导师，也是我在佩珀代因大学组织发展硕士项目的教授。本书对信念与假设的着重探讨，源于他在组织文化与领导力领域的授课及著作。感谢 James Loud、Carsten Busch、Sidney Dekker 和 Mei-li Lin 花费时间阅读我的作品并提供反馈。我的学习之旅还受到 Ralph Stacey、Robert Morris、Suzane Otis、Jody H. Gittell 和 Anthony Suchman 的影响。Peter Koestenbaum 是第一个鼓励我超越因果逻辑表象、直面领导者所处复杂现实的人。他对我说："罗莎，当你的答案探寻陷入死胡同时，必须进入形而上学领域。"我照做了。我将现实研究扩展到五大感官所能感知的范围之外，由此发展出"五大领导力对话导向模型"。

当然，没有朋友和家人的鼓励就不可能完成本书，尤其要感谢我的母亲 Maria Luisa Leodoro、妹妹 Yvette VanDalsem 和表亲 Marsha Escobedo。我还要感谢四十多年来始终陪伴我的好友及实验伙伴 Deborah Newmark、Herma Rand 和 Wendy Williams。

致谢

序

工业界致力于实现高绩效水平，力求在全球各市场保持安全、高效和具有竞争力。然而，劳动力老龄化、千禧一代进入职场、高管层流动、企业知识流失以及业务转型等，这些因素都给工作场所带来压力，往往侵蚀唯一且最重要的利益相关者与员工之间的牢固人际关系。

2017 年，在一次安全会议期间，我有幸与罗莎短暂而愉快地相识。那次相遇让我很快明白，正是她的教育培训背景、跨行业从业经验及对组织行为的深刻理解，使她能够以简洁明了的方式精辟地阐述出能让组织蓬勃发展并达到高绩效的关键要素。

很多时候，“责任担当”这个词会在我们的讨论中频繁提及，强调高度小心、严格遵守规定和严格自律都是各级员工对其自身行为负责的结果。然而，在很多情况下，支持高水平绩效和安全绩效的基础性要素却缺失了。此外，在很多情况下，员工与管理层的人际关系可能缺乏足够的信任基础，难以实现开放式对话下的信息透明交换与真诚双向的行动承诺。在这种情况下可能出现的一些例子包括：员工可能会因为不确定后续可能产生的后果，而不敢停止不安全的工作；主管可能会出于担心自己判断失误或无法解答员工提出的问题，而采取命令式和控制式的领导方式。

以关系为核心的组织，旨在营造能够产生高质量安全绩效的必备环境，并建立各级员工主动担责的工作氛围。用一句话总结其核心：“这就是我们所说的文化，它为实现愿景、推动举措、落实流程以及达成目标提供所需的养分。”每位读者都能在书中发现切实可行且发人深省的论述，这些内容具有极强的合理性和实用性。

我们都听过这样的说法："不愿倾听的领导，终将被沉默的下属包围。"正如我一样，你可能正面临需要改进安全管理和企业文化才能提升绩效的处境。我们在分析规划和战略制定方面似乎做得很好。当下我们需要行动起来，与全体员工展开对话，就关键事项达成共同承诺，并着手建立信任基础。

那是在一次安全会议上的短暂交流，但对我个人而言却有着深远的影响。作为领导团队，我们开始从日程中剔除所有不太重要的活动，并承诺投入更多时间深入一线，与员工进行一对一对话。我发现，只要坚定持续地投入这些对话，改进就会以惊人速度显现。

蒂埃里·马特尔（Thierry Martel）

首席运营官

加拿大铁矿公司（Iron Ore Company of Canada）

第1章

关系型安全领导力的必要性

关系型领导力（Relationship Centered Leadership，RCL），是一种旨在充分激发员工承诺与参与，进而共同实现卓越安全绩效的策略。许多领导者已意识到这种方法的必要性。当下，组织的安全表现、环境保护及社区责任已成为核心竞争力。然而，传统安全管理手段仍滞后于发展要求。

关系型领导力原则有可能使组织绩效呈指数级提升。这些原则的核心是，提升领导者构建人际关系的能力，培养其激发员工参与的本领。这种能力既是一系列实操技能，也是一套关于如何取得最佳成果的信念体系。

领导者的行为，源自其对人性的根本信念。信念驱动思维，思维指导行动。信念不同于像价值观这类被动持有的事物——价值观可以被信奉但未必被践行。信念深植于意识底层，有时你甚至并不知道它们会影响你的决定——不是相信某事为真，而是认定其必然为真。我们对人际关系本质及其对安全绩效影响的认知，或许正是成败的决定性因素。关系型领导力的八大信念，体现了成功领导者对"人性"的关键洞察。这些理念兼具哲学性与实证性，其理论基础源于认知心理学研究（如阿吉里斯的"推理阶梯"模型，详见第2章）。

越来越多的研究表明，员工参与度对成功的组织表现至关重要（Saks & Gruman，2014；Saks，2006）。而这种参与度在很大程度上取决于员工所体验到的人际关系质量。因此，领导者效能受其建立个人关系与促进团队成员协作联结的能力所影响。

对人际关系的归属感和认同感的需求如此强烈，以至于人们会为融入群体而接受共同态度与期望。研究表明，人们如此在意归属感，以至于他们将每次互动都视为冒险。这些负面情绪和感受会削弱我们的沟通能力与维系信任关系的能力。这种动态机制表明，若想实现组织变革，你应从群体或人际关系层面着手，而非从个体层面着手。个人与团队始终是共生关系。这些研究发现及实践启示源自心理学、社会学、组织心理学、复杂系统响应、关系型领导力及神经科学领域思想领袖的研究成果。所有这些发现与启示均与我 25 年实践经验相印证，并体现在本书记录的案例中。

尽管大量证据表明“建立人际关系”是领导力的核心技能，但一项覆盖 6 万名领导者的研究发现，仅不到 5% 的领导者能同时实现卓越成果与良好社会关系（Lieberman，2013）。因此，一旦你读到其他领导者哪些做法行得通或行不通，你就得做出抉择：我是否要尝试用这八大信念来建立关键人际关系？我是否要弄清楚哪些对我有用，还是我应该把这些想法视为巧合，当作一个希望看到某种模式和联系但又没有确凿证据的人的异想天开而加以摒弃？我能理解这两种做法，但如果你对目前取得的结果感到不耐烦或沮丧，那么你或许愿意冒一点险，尝试践行这八大信念中所表达的信任与授权。

劳伦斯利弗莫尔实验室的维修主管伯尼·马蒂莫尔（Bernie Mattimore）就是这么做的。几个月来，他一直很苦恼，因为员工们总是拆掉设备防护装置。我的团队曾与他分享过一些有关员工参与的理念，于是有一天，他把一个班组召集起来，说道：“你们自己决定这些防护装置该怎么用。这是预算，如果需要更多资金，请告诉我。”伯尼告诉我们，不到一个月，防护装置就装好了，大家都很尊重它们，而且班组还节省了预算支出。多年来，在不同的公司和行业中，这种情况多次发生，最终促成了关系型领导力的发展以及八大信念的形成。

“人际关系”一词可能在工作场所中会引发即时抵触。因为许多人认为这是与完成工作无关的话题，甚至妨碍工作效率。他们常质疑：员工的责任何在？本书聚焦领导者的责任，因为无论组织架构如何扁平化，社会关系中仍存在隐性层级。权力关系界定了互动规则——谁可以提出异议或发起关系。即使你自认为不处于权力角色，若你拥有职级头衔，他人仍会如此看待。除非你通过具体且持续的努力建立人际关系，否则他人会据此调整自身行为模式。

构建关系型组织或安全计划，并不意味着良好人际关系是成功的唯一要素。它是基石，是我们称之为文化的土壤，提供着愿景、举措、流程及目标转化为现实所需的养分。

挫折与失望在所难免，因为总会遭遇意外挑战。某些人因不可控因素拒绝改变行为方式。面对挑战，每位领导者都必须明确抉择：究竟是坚持关系型领导力，还是另寻更适合自身发展的信念体系。

人际关系对组织绩效的影响难以通过实证手段精确测量。然而在处理未被完全理解的动态关系时，那些指向稳定结果的持续性案例，仍是有效的佐证形式。人际关系的本质即属此类——安全领域成功领导者的叙事一致表明，积极的人际关系及满足员工情感需求对组织健康发展至关重要。

让我们从最具挑战性且成功扭转局面的案例切入——这个案例让管理者们最终接受了“人非机器”的理念，并开始与员工构建良性人际关系。

约翰·卡罗尔等（John Carroll et al.，2002）参与米尔斯通核电站的文化变革活动，记录管理层转变信念体系的典型案例。该变革通过日常对话与培训会议持续推进并最终成功。事情源于核管理委员会（NRC）的一次审查，该审查得出结论，该核电站存在一种不健康的工作环境，在这种环境中，排斥不同意见，压制员工的质疑态度。因此，NRC 采取了史无前例的举措——勒令停运该核电站，直至管理层能证明工作氛围已发生实质性转变。

转型的核心是使员工相信管理者会倾听他们的关切并采取行动，而管理者必须认同“员工值得倾听与尊重……核心价值观必须从管控转向开放与信任”（Carroll et al.，2002，p.114）。这场文化转型耗时三年多，最终在

1998年6月，监管机构批准该核电站首个机组重启运行。

这场文化变革需要触及组织深层基因。其中一些具体举措包括系统化的新培训项目与管理层教练辅导。通过接触情商管理原则，管理者们实现了个人蜕变，习得两大关键能力：对自我/他人情绪与认知的敏锐觉察，以及针对“恐惧发声者”（即担心直言不讳会遭到报复而不敢发声的人）与“决策怀疑者”（即对管理层会采取有效行动缺乏信心的人）的差异化管理策略。

CEO布鲁斯·凯尼恩通过定期参与小型工作组会议及全员大会实现双向信息传递。公司启动了员工关切机制，鼓励员工与管理层开展建设性辩论。经过持续沟通，各方最终就问题本质与整改方案达成共识。凯尼恩公开承认部分决策失误并修正路线，向组织传递“错误可纠”的重要信号。

“人非机器”的信念逐渐扎根。当管理者开始承认情绪价值、对不同意见保持开放信任姿态时，组织的人性面得以被探讨，这直接冲击了传统管理中对“人性理性化”的假设。那些受训于纯理性决策模式的管理者，最初难以接受“员工感受影响绩效”的观点。诚然，米尔斯通的许多管理者在此领域曾倍感不适且能力不足，但企业危机迫使他们以全新视角审视“人际关系”——旧模式的惨痛失败，成为接纳新工作方式的催化剂。

企业建立了诸多新型沟通机制与对话平台。通过持续实践及同事和教练的反馈闭环，管理者与员工实现共同成长。这种渐进式变革最终催生出高信任度、开放式沟通的新型组织文化。

若高管、经理及安全专业人员持续忽视组织人际关系维度的建设，便无法与员工建立双向承诺的行动联盟。成功的领导者不会孤立地取得成果——他们深谙人际互赖性，通过构建能动的良性人际关系网络，有意识培育人际联络以实现战略目标。

我必须承认，即便领导者们深知关系型方法的重要性，文化及政治性障碍因素仍可能阻碍该方法的实施。接下来阐述的关系型领导力模型，正是为化解这些障碍而设计——它既能获得政治支持，又能确保核心价值观不偏离。

1.1 关系型领导力——一种促进员工参与的策略

关系型领导力是这样一种策略——通过充分的员工参与实现卓越的安全绩效。每个要素均致力于引导相关决定和资源分配，从而建立起支持“安全即共同目标”的人际关系。这些要素带来的益处绝不仅限于安全领域，而是延伸到组织绩效的方方面面。不过，本书将主要聚焦于对安全方面的影响。

该模型对“员工参与”的定义融合了卡恩的员工参与理论以及工作需求—资源模型（Job Demands-Resources，简称 JD-R 模型，Saks and Gruman，2014）。卡恩将员工参与定义为“在工作中展现完整自我”，而 JD-R 模型则将参与视为个体工作需求与可用资源间平衡 / 失衡状态下的行为响应。因此，关系型领导力的策略旨在帮助领导者通过以下方式维持员工参与：精准识别并提供员工安全作业所需的必要资源，创建允许“在工作中展现完整自我”的包容性工作环境。培育信任与建设良性人际关系，是该策略的根基所在。

1.1.1 重新定义“人际关系”

要承认“人际关系”是组织效能的核心，我们必须以全新的视角对其进行审视。

传统认知中，人际关系通常被界定为两个人或更多人之间的人际交往，其程度从随意到亲密不等。在工作场所，领导者常因担忧“给他人留下偏袒嫌疑的印象”而自我设限，刻意保持人际关系距离。在我的工作坊研讨会上，曾有参与者表达过担忧，认为“人际关系”意味着太过私密；他们觉得有必要将个人生活和职业生活分开。关于领导者行为如何影响组织成员，组织文化权威埃德加·沙因（Schein and Schein，2018）指出：若领导者不将人际关系视为人与人之间的纽带，组织将永远缺失高绩效所需的信任基础。

在关系型领导力策略框架中，人际关系被界定为人类为获得适应情境所需的相互支持并实现生存延续而形成的生物性、心理性与情感性联结。该定义整合神经科学、心理学及社会学研究成果，突破传统关系认知边界。科学家通过长期研究证实：深度人际关系显著预测个体寿命与健康水平（Archie et al.，2014；House et al.，1988）。更惊人的是，神经科学实验揭示——人类对社交联结的需求优先级超越饮食与安全需求（Lieberman，2013；Cozolino，2014）。

人际关系不仅是一种存在于熟识者之间或高频互动中的社交联结，更是一种具身化的生理现象。无论互动对象在场与否，人与人之间的联结仍会以情感形式被感知，这种神经现象由人脑的生物机制触发（Cacioppo et al., 2000）。丹尼尔·戈尔曼（2006 年）将这种人际联结称为“神经芭蕾”，揭示了大脑间实时互动的神经同步现象。我们或许尚未觉察，但与员工、上司乃至陌生人的日常接触，正以积极或消极的方式重塑大脑神经回路并影响生理机能。处于权威地位者的神经影响力呈现级数放大效应。

人际关系对于在工作场所完成工作的重要性以及员工们在建立人际关系中的作用，神经科学提供的证据或许有助于说服领导者。领导者需要留意自己的言行举止，以培养良好的人际关系，因为情绪是会传染的。当我们目睹有人失足重重地摔在水泥地上时，我们都会因共情而产生不适感。神经科学将这种能力归因于大脑中的镜像神经元——无论我们亲自执行某个动作，还是看到他人执行相同动作时，这些神经元都会做出同等强度的反应。最新研究表明，即使我们感觉自己处于独立体验中，周围人仍能感知我们的想法与感受，并以相同方式对我们施加影响。这种神经层面的联结不仅存在于熟人之间，也作用于陌生人之间。此类联结性对人类生存与学习至关重要，因其赋予我们解读他人行为意图与意义的能力（Rizzolatti，2005）。

本书始终强调：对话是领导者构建人际关系最强大的工具。从人类文明初期开始，对话就是维系社会运转的核心机制。远古部族成员会在日暮时分围坐在篝火旁分享故事、交流信息，这种仪式化对话持续强化着群体归属感。

人际关系的核心本质是沟通，正是这种沟通将个体与他人或群体相联结。通过语言表达与故事分享，人们逐步增强对彼此意图的信任度，并在共同经历中形成共享的信念与认知假设。缺少这些要素的互动将无法构成有效沟通。

1.1.2 关系型领导力的策略模型

图 1.1 所示为关系型领导力策略，展示了该策略通过充分员工参与实现卓越安全绩效的主要方法：人际关系；对话；五大领导力对话导向。

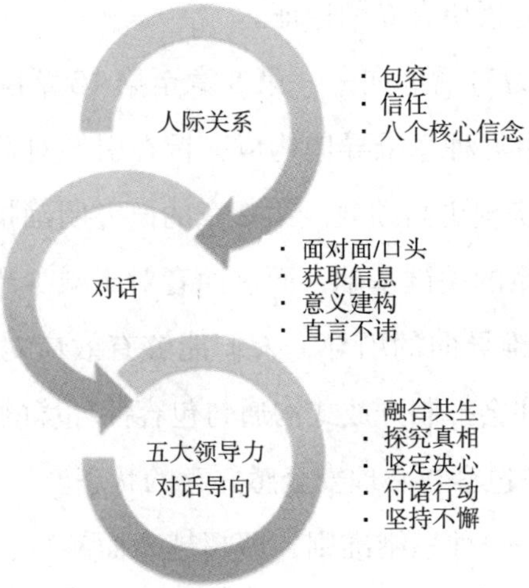

图 1.1 关系型领导力策略

（1）人际关系（Relationship）——基于包容和信任而建立起来的人际关系，是关系型领导力策略的基础。第 2 章介绍了相关研究，这些研究证实了人际关系在个人和组织层面所起的关键作用。第 3 章界定了八大信念，旨在创建和维系有助于支持绩效改进的积极人际关系。第 4 章着重阐述了信任在人际关系中的重要性，以及破坏或者建立信任的相关活动。

（2）对话（Conversation）——对话是引发变革的触发因素。这是一种互动式领导模式：管理者通过持续性对话让员工参与其中，既精准识别其对资源的核心需求，又同步构建深层次信任关系。该模式并非标准化的安全实施方案。我开发了一套名为“水下领导力（Leading Below the Waterline）”的信念转变流程，为深度对话提供结构化框架。这套行动学习与教学法已在具体生产现场验证实施，第 3 章将展示用于检验与修正认知偏差的实操训练模块。

领导者通过高频互动影响工作成果：倾听诉求、及时反馈并持续跟进。这一核心理念贯穿全书，体现为一对一对话、团队共识构建、故事化沟通及创建心理安全感空间（便于员工向管理者和同事主动直言）。复杂响应过程（CRP）与关系型领导力研究证实：通过频繁对话实现的社交互动比制度规范更能有效驱动目标达成，该主题在第 2 章研究篇的复杂响应过程与关系型领导力板块有专题论证。

（3）五大领导力对话导向——第 5 章至第 10 章阐述了“五大领导力对话导向”。它们由五种思维导向构成，旨在引导对话以解决复杂问题，并推动团队或组织实现更高绩效。第 2 章的研究明确指出，心理安全感是主动直言和协作关系的关键基础，而这两者对于减少严重事故和伤亡至关重要。通过五种思维导向的引导，人们能够有效应对多重情感和社交压力——这些压力往往会抑制开放式沟通与包容性环境的形成。

· 融合共生——包容与心理安全感并存的状态。

· 探究真相——一种思维准则，即超越表面答案、质疑假设并倾听不同声音。

· 坚定决心——做出选择并凝聚行动决心。

· 付诸行动——一种专注于实际行动的状态，这样我们才能实现目标或从行动中汲取经验。

· 坚持不懈——保持专注直至达成目标，同时对新证据持开放态度。在此导向中，探讨如何通过持续学习来改进偏离行为。

1.2 包容和归属感与安全有何关联？

当我们感受到被排斥时，感知范围会急剧收窄。大脑持续聚焦于被拒绝的瞬间体验，陷入悲伤或愤怒的情绪循环。这种心理状态如同脑海循环播放的磁带：为什么他们不听我的？为什么得不到理解？我做错了什么？我有问题吗？他们有问题吗？

尽管难以证明死亡事件与社交排斥存在直接因果关系，且不能认定其为唯一诱因，但贝勒医学院（2018 年）研究发现：在受害者经历激烈冲突并主观感受到社交排斥后愤怒驾车引发的车祸死亡案例中，56% 将社交排斥列为主要诱因。此外，社交关系断裂也被证实与护士离职决定相关。Shu-Chu Shiao 等学者（2007 年）的护士研究表明，在考察的 7 大离职预测因子中，社交关系受损是最重要的预测指标之一，其余两项为工作负荷压力激增及工作风险感知升级。

应对外界排斥的典型自我保护机制是退缩行为。值得庆幸的是，沉默是比暴力对抗更为普遍的防御方式（尽管后者同样存在）。这种退缩也可能以主动请辞的形式呈现，如下述案例所示。

在一份匿名的安全团队调查中，我写道：新想法很难被听到。协调员在团队建设会议上大声朗读了这条意见。主席当即表示："写下这条意见的人必须站出来说明，因为我实在不理解。"我感觉她话里的意思是："你就是个懦夫。"

整件事的起因是，我写下这个是因为多次遭遇搪塞。无论我提出什么，都立刻被以某种理由否决了。根本不会有人问诸如这样的问题："哦，告诉我你为什么觉得这能行，或者咱们探讨一下。"我是个通情达理的人。如果你看了我的想法，因为你有过这方面的经验，觉得它行不通，那我接受，尤其是因为我是个新人，而你经验丰富。在那个房间里我根本没打算说任何话。我本来就是个局外人，要是我说了，只会让自己更像个局外人。

我曾经很天真。我原本会主动发声，坚信揭露真相能为团队创造价值并提升实力，但如今已不再抱有这种信念。如果团队不听，那你说得再有道理也是白费口舌，纯粹是浪费时间。就在那时，我决定从团队辞职。

（Carrillo，2018，与一位安全团队成员的私人通信）

有多少想法或者观察发现就以这种方式被扼杀了呢？如果我们能创造一个自由表达并被倾听的空间，又能避免多少事故甚至伤亡呢？匿名调查无法建立归属感和包容。建立归属感和包容，关键在于倾听的意愿以及乐于接受别人看到了我们未曾留意的东西。

1.3 能否通过人际关系对安全结果进行控制呢？

根据复杂适应系统理论（Complex Adaptive Systems，CAS），系统无法被完全控制，但可通过识别其复杂性中的模式（patterns）来理解并施加影响。这些模式揭示了系统可能的演化方向（而非确定性预测），因此控制与秩序是自下而上涌现的（emergent），而非依赖层级权威（Dooley et al.，1995；Lewin，1992；Waldrop，1992）。实际应用中，领导者通过倾听或参与组织成员间的对话，可发现这些模式，从而在必要时施加影响并采取改进措施。

在安全管理中，人际关系对信任水平和信息交流质量的影响至关重要。通过职权（职位赋予的强制力）可以在一定程度上实现控制，但代价高昂。若滥用职权强制服从，往往会导致功能失调并引发抵触情绪。即使是正式任命的领导者，也必须依赖影响力以避免负面效应。而对于没有正式职权的人员（如安全专员等职位），这一点更为关键——影响力源自我们与同事及员工建立的人际关系。

我曾参与一场与安全专业人士的对话。这场对话展现了对于控制手段运用的不同看法。讨论始于这个问题：HSE（健康、安全与环境）专员能控制什么？又能改变什么？

大多数参与者认为控制并非可行之选。然而，却存在着巨大的压力，要求拿出控制有效的证据。无论是运营管理者还是安全管理者，都面对着要求量化数据的数据看板，而这些数字往往与现场实际严重脱节。以加拿大 Aecon 公司工作场所健康与安全高级副总裁约翰·格林（John Green）为代表的专业人士，正在挑战“数字指标的整体价值在于彻底改变控制与约束的根基”这一命题。他将控制问题与安全的本质定义直接关联：

> 当人们思考安全时，常被“免受伤害”的定义所局限。我认为，这一定义限制了他们更广泛地思考这一主题的能力，这一定义让人们将安全视为一项任务——消除伤害——而非其他任何东西。我发现，如果你将安全重新定义为“具备韧性，成功应对变化并以可控的方式从逆境中恢复的能力”（这是对 Dekker 和 Hollnagel 的定义的一种变体），那么你就能更自由地与人们探讨人际关系的目的和重要性。
>
> （Carrillo，2018，私人通信）

格林主张人际关系和心理安全感是韧性的重要组成部分。但这场讨论还有另一面：部分安全专业人士认为，他们的职责是向管理层通报固有安全风险，并告知他们确保员工安全是他们的责任。他们认为，当前强调心理学、意义建构、复杂性和领导力的趋势，正使安全专业人员偏离“管理风险”和“确保有效执行规程”的核心使命。他们指出，全球多起重大事故（如派克河矿难、NASA 挑战者号事故、深水地平线漏油、朗福德埃索爆炸、BP 德州炼油厂爆炸、墨西哥湾漏油），根源都在于未按规定使用那些有据可查的工具和系统。管理风险所需的所有专业知识都具备，但没有被运用。

事故调查常常表明，若当时采用了某项规程或系统，事故原本可以被避免。这一事实会引发两种思考：（1）我们需要超越规程类控制手段，因为作业人员并不总能遵守或牢记规程；（2）我们需要建立与作业方式相匹配的人际关系网络和组织架构，使风险意识始终贯穿于作业流程，这通常通过持续对话实现。

请思考格里特·布罗克斯特拉（Gerrit Broekstra）提出的组织概念：组织的本质存在于成员间的人际关系网络中，若没有持续对话，组织将不复存在。

> 组织的本质即持续的对话……成员间观点的分享、交谈和讨论定义了组织，因为这些互动行为创造了现实与意义。这些对话并非为了维系人际关系，其本身就是人际关系的载体。组织的运作过程，本质上是在无数细碎对话形成的松散互动网络中持续再生和成型，且高度依赖成员的实际经验与场景化认知。

你所在组织的绩效表现，直接取决于员工们日常讨论的核心话题，或者说两者就是同一回事。那么你的员工讨论的核心话题是安全问题，还是工期和成本问题呢？他们是否基于专业知识谈论风险呢？他们是否会及时地传递和共享相关信息呢？

要回答这些问题，唯一的办法就是深入到员工中去。我曾与斯蒂芬妮·尼利（Stephanie Neary）进行过交谈，她是一位安全专业人员，她通过设计“跟岗观察流程”来建立人际关系网络，从而提升安全水平。以下是她的实践经验与方法框架。

> 我在一家造船厂负责 3000 名工匠的安全监管工作。很难让人们听我的。婴儿潮一代的工匠会说：“我孩子都跟你差不多大了。”甚至跟我同龄的人也会说：“你是个女的，我凭什么听你的？”每当我

一走近，他们就会迅速解开，因为他们看到我戴着安全帽就知道我是安全部门的。他们通过外表来判断你。他们还说："你懂什么？你从来没干过我的活儿。"

我和管理层一直都在想办法改善工作条件。我想深入了解幕后情况，从而理解员工的行为。于是，我们想出了一个主意，那就是通过跟随工匠们来了解他们。管理层给了我一周的时间，让我从日常工作中抽身出来，还给我一间办公室并授予我自主权，让我做我认为必要的事。从早上安全巡检开始一直到下班，我都一直在那里。我产生了强烈的同理心，因为我看到他们人手非常紧张，很多时候资源也不够用，而且他们还要上 12 小时的班，疲惫不堪。他们问我是否想尝试一些工作，我真的尝试了。我和他们一起拉了两吨重的电缆，还做了电工活儿，他们很惊讶我会亲自动手。

我这样做已经三次了，一切都变了。现在他们有事都来找我。他们中有些人我以前从未见过。现在他们会关切地问我孩子怎么样。"哦，既然你来了，能来看看我的工作吗？"现在我已经完全融入他们，我尤其关注那些主管，因为当人们感到紧张时，他们会解释说我就是来帮忙的。他们也开始明白，我的工作也不轻松。

在工作现场待上一段时间真是大开眼界。停下来想一想，你怎样仅通过一个小小的举动就能帮助到别人，让他们感受到你的关心。我正尝试将这种关怀更具个人化。有个员工请我去查看某个作业环节，我协助他和他的主管获得了必要的安全改进资源。事后他主动跟我握了握手。这种情况以前从未有过。

如果你不开展个人化交谈，人们就无法透过你的外表深入了解你。他们也就无从得知你的能力与助人意愿。控制式管理并不现实，人际关系才是最有力的影响方式。战略规划、奖励机制、量化指标等管理工具，唯有融入持续对话方能奏效。试图用一套不经常更新的静态规章制度控制组织毫无意义。

管理者深谙推动事务的诀窍在于大量沟通——他们大部分时间都在开展对话、发邮件和开会以推动事情进展。但怪异的是，为何在掌控重大变革时，他们却舍本逐末地依赖于行动方案和量化指标，而忽视对话的价值呢？

以某组织为例，其员工参与度调查得分较低，在设计和实施提升方案时却遭遇重重挑战。由于他们的安全事故数量始终处于受控状态，所以，业务主管和他的团队对于提高员工参与度的行动计划感到相当有信心。然而，随后工会却举行了罢工。

因此，需要采取新策略掌控局势。该组织进行了几场主管层面的研讨会，为复工后的员工参与度提升寻求方案。其中一组建议聚焦于改善陈旧的基础设施和设备状况。另一组建议则针对认可、尊重、自主权以及个人发展机会（培训、及时反馈、教育）提出改进措施。

他们决定先从物理环境改善着手，为此确定了优先事项并设定了整改时间表。然而实施数周后团队便陷入困境：既无法兑现修复承诺，又持续消耗管理层信誉，最终导致全员挫败。

在一次高层团队会议上，他们首次明确认识到对话沟通和人际关系建设的重要性。一位最为坦诚的领导者说道："我感觉我对设备的了解比对人的了解还要深入。"他当即表态要改变这种状况。

私下里，令首席执行官感到惊讶的是，员工的信任度低于他的预期，而且对于如何采取措施来改善工厂内低落的士气和紧张的人际关系，大家的意见也没有他预想的那样一致。我建议他每周与每位直接下属进行一次一小时的对话，倾听他们的意见，提供帮助，并阐明自己的期望，以达成共识。一个月后，他写信告诉我情况正在迅速好转。

在我与直接下属的访谈中，一对一沟通在保持共识和方向明确性上的效力反复显现。若我们忽视人际关系维护，却试图通过阶段性目标、考核机制、计划书或宣贯会实现控制，这一认知实属认知谬误。缺乏人际关系建设和持续对话，你就无法激发所有权意识，也难以察觉事情何时偏离了正轨。当事情进展顺利时，你就会错失感谢或认可他人的机会。

1.4 人际关系如何影响心理安全感呢?

心理安全感是这样一种团队成员共同持有的信念——即在团队里进行人际交往方面的冒险是安全的。它可以被定义为“可以放心展现自我,发挥所长,而不必担心自我形象、地位或职业会遭受负面后果”(Kahn, 1990, p. 708)。艾米·埃德蒙森将其界定为群体动态(即群体整体氛围、群体关系),而非人与人之间的信任。因此,个人关系可能不是实现群体安全感的必要条件,群体安全感可能在于群体的性质、目的、既定准则以及声誉就已足够。例如 12 步疗法互助小组(如戒酒互助会),成员虽互不相识,但仍能放心地披露相关信息。当企业建立起可有效防范打击报复的保护机制后,只要该机制持续地发挥作用,团队心理安全感就会稳定存在。

建立心理安全感是领导层责任。正如埃米·埃德蒙森所论证的,创造心理安全感的条件对奠定组织有效学习的基础至关重要(Edmondson, 1999;2002)。缺乏这种心理安全感的条件,人们会犹豫或拒绝承担提出意见、提出问题或寻求帮助的人际风险。这种抵触将阻碍高绩效与创新。在高危行业,如核电领域,这种缺失还会造成实际的安全风险,因为承认错误与寻求帮助是避免灾难的关键(Weick and Roberts, 1993;Carroll, 1998)。

领导者对待错误、反馈和提问的态度,深刻影响员工承担人际风险的意愿。然而,坚持团队中无人支持的观点是困难的,因为脱离集体认同感需要极大勇气。领导者必须找到自己的声音——确立自身立场。被团队孤立的可能性是担任领导角色必须付出的代价,在强调集体主义的文化中尤其如此。领导者(尤其是 CEO)常常会陷入孤立无援的处境。

1.4.1 过度的心理安全感会抑制成长吗?

研究表明,当心理安全感与明确目标及责任担当机制失衡时,可能导致低标准蔓延(West, 2002)。埃德蒙森强调,心理安全感需与绩效期望协同作用，否则团队可能陷入“舒适陷阱”（Edmondson and Lei，2014）。神经科学研究显示，适度的压力（皮质醇水平在15~20μg/dL）能提升26%的创造性问题解决能力（Byron et al.，2020）。

在与英国核监管办公室首席执行官Adrienne Kelbie的对话中，她提出了一个关键命题：“如何在保障心理安全感的同时，持续推动领导层团队发展呢？毕竟，无风险承担是无法真正发展的。”换言之：领导者是否可能制造过度的心理安全感呢？这会降低学习能力吗？是否可能因过度舒适导致不道德行为滋生呢？在团队外部承担人际风险是否会产生意外后果呢？（Frazier et al.，2016）

这是一个值得深思的问题，因为当我们每个人承担更具挑战性的职责时，都曾经历过焦虑感。我们多数人都经历过与上司的艰难对话——当面被指出工作不足之处。因此我们知道，成长性挑战不一定会带来心理安全感。实际上，我们的威胁防御机制可能已被激活。认知心理学研究进一步揭示：压力对学习效果同时存在促进与抑制作用（Joëls et al.，2006）。

我决定采用谷歌团队研究中的六条陈述（Rozovsky，2015），探究领导者在安全领域培养高绩效团队的心理安全感举措。随后，我又增设了两个更一般性的问题，以便检验这些举措是否与团队的优势与劣势相关联。本研究采用四级量表收集反馈：1分代表完全不同意，4分代表强烈同意，受试者对下列陈述进行评分：

1. 我感觉自己属于这个团队。

2. 在这个团队，我可以冒险尝试，不会觉得不安或尴尬。

3. 我们可以相互信赖，及时完成高质量工作。（有哪些流程在实施？领导者做什么来影响工作质量？）

4. 我们的目标和优先事项很明确。（有哪些流程在实施？领导者做什么来影响工作质量？）

5. 我正从事对自己有重要意义的工作。（有哪些流程在实施？领导者做什么来影响工作质量？）

6. 我正在做有价值的事情。

7. 作为这个团队的领导者，最大的优势是什么？

8. 有没有一条你能给出来改善这个团队表现的建议？

陈述 1~2 聚焦领导者在创建心理安全感中的角色，陈述 3~5 考察领导者对团队产出的工作质量影响，陈述 6~7 评估整体领导效能。

研究结果显示，构建团队人际关系与心理安全感对高质量高绩效团队产出具有显著促进作用。同时证实，用于保持工作优先级与清晰方向的严格治理流程及架构，其重要性与心理安全感建设同等关键。深度访谈表明，团队成员的安全感主要源于获得同事对其高质量工作成果的反馈。

团队成员最常提及且最认可的领导行为如下：

1. 每月进行一次时长一小时或更久的一对一对话和辅导（在每一条陈述中，它都是被提及次数最多且作为高分原因出现）。

2. 打破部门壁垒 / 促进跨部门协作。

3. 重视我的意见并采纳我的想法。

4. 促使我成长并给予直接反馈。

以下是营造归属感、鼓励冒险、保持方向清晰、促进成长以及确保高质量工作的行为示例：

1. 一对一对话和辅导

· 归属感：她非常包容，在我入职时每天都会花上两小时的时间陪我，还经常邀请其他部门的负责人过来，让我能够建立人际关系。

· 鼓励冒险：我们每天都有日常沟通的机会，这些机会让我觉得可以大胆试错，特别有帮助。

· 高质量与时效性：定期的频繁沟通对我大有裨益。我会记录每次谈话要点，并作为下次会议的开场依据。

· 保持目标和优先事项清晰：每次一对一沟通时，她都会把要求讲得明明白白，并通过专门工具帮我梳理清楚轻重缓急。

2. 打破部门壁垒

· 归属感：她确保业务部门对安全部门给予支持。

· 保持目标和优先事项清晰：每年初确定工作重点时，她会确保我不只关注自身职责范围，而是协同所有相关方开展工作。

3. 重视并采纳我的意见

· 归属感：她征求我的意见并采用我的想法。

· 鼓励冒险：她在董事会层面维护我们，力挺我们的创意，且从不背后拆台。

· 保持目标和优先事项清晰：我们每月进行一对一复盘，她会倾听我的核心诉求，并协助落实我的想法。

4. 推动成长与事实反馈

· 鼓励冒险：当她出现工作失误时主动承担责任，这种表率作用促使我同样勇于面对自身不足。

· 高质量工作：她推行严苛标准，虽然并非人人适用，但我们理解这是为了促使团队持续进步。

最让我惊讶的是，打破部门壁垒对营造心理安全感的重要性。访谈中明显可见，即便在最高层级，个人也担忧想法遭到同事排斥。 当领导者运用其影响力和职权建立跨职能关系时，这种恐惧就会减弱。“她用个人权威为我背书，直至我树立起个人权威。”

这些访谈结果为我在第 5 章提出的“组织能力扩展模型”提供了新的佐证。专业技术能力与人际关系构建技能的结合是达成高绩效的必由之路。研究同时验证了一对一深度对话、倾听并落实员工建议的重要性，这或许正是挑战性直接反馈能被接受的根本原因。实现这种动态平衡所需的技能体系与心理建设路径，亦在第 5 章中深度解构。

1.4.2 国家文化会对心理安全感有影响吗?

国家文化可能会影响人们对心理安全感威胁因素的认知。根据吉尔特·霍夫斯泰德（Geert Hofstede）的观点，“不确定性规避”这一文化维度，直接决定着人们在无既定规则情境中对确定性需求的强弱程度。相比英、美等低不确定性规避国家，高不确定性规避文化地区（如日本、拉丁美洲）的民众更加重视稳定性。低不确定性规避国家的个体在提出可能引发争议的问题或创新建议时，其风险承担意愿往往更为保守。以我的经验来看，“权力距离”这一维度也会影响开放程度，因为高权力距离国家（如韩国、中国、墨西哥）比荷兰、英国、美国和德国等国家更倾向于等级化的权力集中（Hofstede，1983）。

参考文献

1. Archie，E.A.，Tung，J.，Clark，M.，Altmann，J. and Alberts，S.C.（2014）. Social affiliation matters：Both same-sex and opposite-sex relationships predict survival in wild female baboons. Proceedings of the Royal B Society. Accessed 9/16/2018. http：//www.kbs.msu.edu/wp- content/uploads/2018/05/Archie_etal_Social_Isolation_2014.pdf.

2. Baylor College of Medicine（2018）. Psychiatric and legal aspects of automobile fatalities. Accessed 9/26/2018. https：//trid.trb.org/view/114073.

3. Broekstra，G.（1998）. An organization is a conversation. In：Grant，D.，Keenoy，T. and Swick，C.，（Eds）Discourse and Organization. London：Sage：153-176.

4. Cacioppo，J.T.，Berntson，G.G.，Sheridan，J.F. and McClintock，M.K.（2000）. Multi-level integrative analyses of human behavior：Social neuroscience and the complementing nature of social and biological approaches. Psychological Bulletin，126：829-843，doi：10.1037/0033-2909.126.6.829.

5. Carroll，J.（1998）. Organizational learning activities in high-hazard industries：The logics of underlying self-analysis. Journal of Management Studies，35：699-717.

6. Carroll，J.，Rudolph，J. and Hatakenaka，S.（2002）. Learning from experience in high-hazard organizations. In：B.M. Stay and R.M. Kramer（Eds.）Research in organizational behavior. Elsevier Science，v. 24：87-139.

7. Cozolino, L. (2014) . The neuroscience of human relationships. New York : W. W. Norton & Co.

8. Deloitte (2009) . Thought leadership : Focus on mining safety. Accessed 8/6/2018. http : //old.cognitive-edge.com/wp-content/uploads/2010/10/101027-Deloitte-PoV-on-Mine-Safety-Feb09v2lowres.pdf.

9. Dooley, K., Johnson, T. and Bush, D. (1995) . TQM, chaos, and complexity. Human Systems Management, 14 : 297-302.

10. Edmondson, A. (1999) . Psychological safety and learning behavior in work teams. Administrative Science Quarterly, 44 (2) 350-383, doi : 10.2307/2666999.

11. Edmondson, A.C. (2002) . Managing the risk of learning : Psychological safety on work teams. Accessed 10/5/2018. http : //citeseerx.ist.psu.edu/viewdoc/download? doi=10.1.1.118.1943&rep=rep1&type=pdf.

12. Frazier, M.L., Fainshmidt, S., Klinger, R.L., Pezeshkan, A. and Bracheva, V. (2016) . Psychological safety : A meta-analytic review and extension. Personnel Psychology, 70 (1) : 113-165.

13. Goleman, D. (2006) . Social intelligence : The new science of human relationships. New York : Random House.

14. Hofstede, G. (1983) . Culture's consequences : International differences in work-related values. London, UK : SAGE Publications.

15. House, J.S., Landis, K.R. and Umberson, D. (1988) . Social relationships and health. Science, 241 (4865) . 540-545. Accessed 10/6/2018. https : //www.researchgate.net/profile/Debra_Umberson/publication/19756223_Social_Relationshi ps_and_Health/links/00b495220b128b3aec000000.pdf.

16. Joëls, M., Pu, Z., Wiegert, O., Oitzl, M.S. and Krugers, H.J. (2006) . Learning under stress : How does it work? Trends in Cognitive Science, 10 (4) : 152-158.

17. Kahn, W.A. (1990) . Psychological conditions of personal engagement. Academy of Management Journal, 33 (4) : 692-724.

18. Lewin, R. (1992) . Complexity : Life at the edge of chaos. New York : MacMillan.

19. Lieberman, M.D. (2013) . Social: Why our brains are wired to connect. New York :

Random House.

20. Rizzolatti, G. (2005) . The mirror neuron system and its function in humans. Anatomy and Embryology, 210 : 419–421. Accessed 7/5/2018. http : //media.myunion.edu/courses/psy725/mirror.pdf.

21. Rozovsky, J. (2015) . Five keys to a successful team. Accessed 11/6/2018. https : //rework.withgoogle.com/blog/five–keys–to–a–successful–google–team/.

22. Saks, A.M. (2006) . Antecedents and consequences of employee engagement, Journal of Managerial Psychology, 21 (6) : 600–619.

23. Saks, A.M. and Gruman, J.A. (2014) . What do we really know about employee engagement? Human Resource Quarterly Development. Accessed 9/26/2018. https : //doi.org/10.1002/hrdq.21187.

24. Schein, E. and Schein, P. (2018) . Humble Leadership. San Francisco : Berrett–Koehler.

25. Shu–Chu Shiao, J., Koh, D., Lo, L., Lim, M. and Guo, Y. L. (2007) . Factors predicting nurses' consideration of leaving their job during the Sars outbreak. Nursing Ethics, 14 (1) : 5–17.

26. Waldrop, M.M. (1992) . Complexity : The emerging science at the edge of chaos. New York : Simon and Schuster.

27. Weick, K. and Roberts, K.H. (1993) . Collective mind in organizations : Heedful interrelating on flight deck. Administrative Science Quarterly, 38 : 357–381.

第2章

基于人际关系的相关研究综述

人际关系是一种将人们联结在一起以求生存的生物性与心理性现象，同时也涉及权力。当人际关系无法满足期待时，可能导致群体或组织分崩离析。人际关系始终存在，但其质量和强度取决于人们在多大程度上感受到并认可它。不应将人际关系与平等混为一谈，人际关系是一种能量交换——各方以不同程度为共同生存作出贡献。人际关系可以但不一定意味着喜欢某人或成为朋友。它仅仅是一种相互联结的状态。

本章将剖析支撑关系型领导力八大信念的众多学科的研究成果，并证实人际关系对于企业成功的重要性，这也为采取关系型领导力方法奠定了基础，这一方法重点关注安全绩效。

在一些重要思想领袖的著作中，人际关系对于人类和组织发展的重要性不断凸显。心理学的各个分支使我们对人类动机以及我们与周围人的关系如何影响我们的行为有了更深入的理解。乔治·H. 米德、欧文·戈夫曼和诺伯特·埃利亚斯等社会学家在 20 世纪早期至中期就对此有所论述，但随着拉尔夫·斯泰西（1996 年）和梅格·惠特利（1992 年）等作者提出的新科学系统理论的出现，我们对人际关系在组织沟通和决策中所起作用的认知发生了转变。这些理论框架汲取复杂性与混沌理论的精髓，构建起强调个体间互联性与依存关系的认知体系。

紧跟心理学家和社会学家之后的是神经科学家，他们通过研究大脑来为人类思维和行为提供更具体的见解。新技术使我们能够研究大脑对特定刺激的反应，并得出一些初步结论，这些结论非常支持人际关系、情绪和感受在决策、学习以及最终行为选择中所起的重要作用（里佐拉蒂，2005年）。这些研究非常复杂，所以我借助像大卫·罗克（2006年；2009年b）这样的专家的理论框架，将其研究结果应用于管理实践。

拉尔夫·斯泰西及其同事提出的复杂响应过程（CRP）理论是复杂适应理论的延伸（Stacey, Griffin and Shaw, 2002）。复杂响应过程帮助我们认识到对话和人际关系在塑造结果方面所起的作用。占主导地位的另一种观点是系统过程观，这是一种用因果关系解释组织中所发生事情的方式。最后，神经科学的研究也让我们明白了为什么人际关系对人类的生存至关重要。

卡尔·韦克（Weick and Sutcliff, 2001）以及大卫·斯诺登（2002；Snowden and Boone，2007）有关意义建构的研究也作出了重要贡献，帮助我们理解如何从错误中学习，并通过叙事性讲述传递知识。它在公共部门被用于理解那些无法以线性方式分析的复杂问题（Orr and Bennett，2017）。意义建构被列为领导者可以用来拓展人际关系、提高组织能力以及更有效地管理事件过程的一系列技能。这在复杂的情境中尤为重要，因为在这种情况下，解决办法并非显而易见。

与复杂响应过程理论密切相关的是关系型领导力。该领域的研究人员对于组织如何创造成果持有不同的观点。然而，关系型领导力坚定地根植于所谓的建构主义观点——人们通过社交互动来构建他们对现实的看法。这一理论解释了为何员工参与对于解决复杂问题至关重要，以及为何人际关系发挥着重要作用。

2.1 八大信念所依据的心理学原理

心理学研究人类心理与行为，旨在通过分析心理活动和情绪变化，理解在特定情境或活动中支配人们行为的因素。社会心理学研究群体中的人类行为。

关系型领导力的八大信念源自数十年来组织行为学和心理学领域的研究。这里提到的这些人被认为是当今我们对人类动机以及在高效组织环境中的人际互动动态的理解方面的主要贡献者。

2.1.1 人本主义心理学

亚伯拉罕·马斯洛被认为是人本主义心理学的创始人。这一学科在八大信念的发展过程中发挥了最大的作用。人本主义者认为人是复杂的生物，受归属感和目标感的需求所驱使。马斯洛的需求层次理论（Maslow, 1962）对人类动机进行了阐释，涵盖了对食物和住所的需求，以及对安全保障（security）、归属感、认可、自尊和自我实现的需求。

人本主义者认为，真正理解他人的方式是坐下来与他们交谈，分享他们的经历，并对他们的感受持开放态度。卡尔·罗杰斯（Carl Rogers, 1951），人本主义运动的另一位重要代表，因其以客户为中心的治疗模式而闻名，该模式践行无条件积极关注。他发现无条件接纳的体验对他的患者具有治愈作用。

包容与归属感是八大信念中的核心主题之一。人本主义心理学运动在提高人们对满足这些需求对于身心健康的重要性认识方面发挥了重要作用。领导者们被鼓励通过以下方式来提升自身领导效能：主动倾听员工心声，精准满足员工需求，营造归属感与认可的环境来增强员工自尊。

2.1.2 认知心理学与行为心理学

认知心理学让我们认为自己是依据个人心理模型行事的个体。它研究的是大脑内部的心智活动，而行为主义关注的是外部行为。行为心理学促使我们相信，所有行为都是通过与环境互动时的条件反射习得的（Kerlinger, 1966）。尽管这一立场已有所改变，但最初的行为主义者认为，诸如认知、情绪和心境这样的内在状态过于主观，不值得相信，遗传学也不应在心理学中占有一席之地；他们认为，只有可观察到的行为才是心理学中值得考虑的因素（Skinner，1953）。

认知心理学的兴起在一定程度上是为了弥补行为主义的不足，行为主义不承认心智活动的存在，只关注可见的行为。认知主义者关注我们的内部心理过程如何影响行为。例如，在学习方面，他们关注人们过去的学习经历以及他们对学习的信念（包括他们对自己学习能力的信念）。行为心理学家认为，学习的发生以及学习过程能够通过来自环境的奖励、强化和刺激来加以控制。

你选择关注行为还是认知，这对有关“人们如何改变”的信念产生影响。我们是应该改变我们的行为来改变我们的心智模式（即行为主义观点），还是应该改变我们的心智模式来改变我们的行为（即认知主义观点）呢？八大信念基于这样一个理念：改变始于改变你的思维模式。

2.2 推理阶梯

克里斯·阿吉里斯（Argyris and Schon，1974）是将认知革命引入商业领域的主要人物之一。他提出的“推理阶梯”使商业领域的人士能够审视并公开讨论他们的情绪反应和思维过程如何影响其决定。他普及了这样一种观点，即人们基于个人经验构建现实，作出假设，并据此采取行动。其理念在于，通过理解人们行动选择背后的心理模式，人类既能达成预期的结果，又能审视自身并从结果中学习。

图 2.1 展示了“阶梯”模型，该模型表明我们首先像电影摄像机那样观察数据，然后从中选取数据。阿吉里斯认为，我们并非能看到所有正在发生的事情。相反，我们会根据自身经验来选择那些重要的事情。我们赋予数据含义，然后做出假设来帮助我们解读数据。在此基础上，我们得出结论并形成信念，这些结论和信念会影响我们所作的决定和采取的行动。

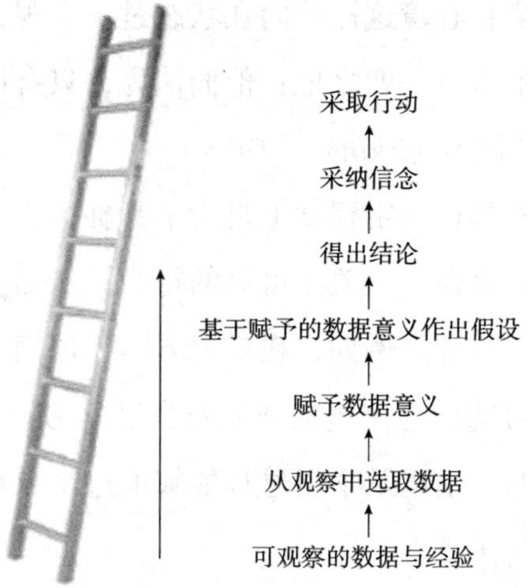

图 2.1　推理阶梯模型

这一强大的模型促使我们重新审视对他人行为或某一事件成因所作的结论。信念 7：先入之见和偏见会妨碍我们发现所见所闻中的真相。这一观点基于阿吉里斯推理阶梯理论。由于我们的信念和假设会引导我们的决定和行动，所以，对于领导者而言，认识到并审视自身假设的有效性至关重要——尤其是在面对不同意见的信息时。

2.2.1　社会心理学

社会心理学旨在探究个体在群体中的行为表现及其原因。它试图回答环境和他人在多大程度上影响着我们的行为以及我们的思维方式这一问题。这一领域的研究直接关系到领导者为实现高水平的员工参与而必须营造的环境。

在这一领域，对八大信念产生影响的是著名社会心理学家道格拉斯·麦格雷戈（1960 年）。他的管理理论—— X 理论和 Y 理论提供了两种截然不同的模型，影响着员工激励模式。X 理论基于对员工动机的悲观假设，要求管理者采取控制式手段。Y 理论基于对员工动机的乐观假设，从而催生了授权式管理方法。麦格雷戈并未对某一理论加以推崇；然而，当对结果进行比较时，Y 理论成为“理想”的信念。其影响力将在信念 4 的部分得到更全面的阐释——人们具备为所在组织作出贡献的能力与意愿。

社会认同理论让我们意识到，个人需要保持积极的个人身份认同感和社会身份认同感。社会认同理论指出，群体和群体成员身份在日常生活中处于核心地位。该理论强调了群体成员身份与个体心理之间的不可分割性（Tajfel and Turner，1986）。

找到这种身份认同感会导致这样一种感知——我们自己的群体比其他群体更优越。这就是打破壁垒和跨部门协作如此困难的原因。这项成果为包容的重要性奠定了基础，并帮助人们理解他们在组织更大目标中的角色。从积极的一面来看，如果安全成为某个群体身份的一部分，那么新成员极有可能采纳该群体的安全实践和态度，从而获得归属感。

2.2.2 群体规范与对权威的回应

社会心理学家研究那些导致我们在他人面前以特定方式行事的因素，并探究引发某些行为、举动和情绪的条件。两项著名的实验为我们的群体规范理解树立了标准。

假设一位新员工发现了一个风险，而老员工们早已学会忽视或化解这一风险。这位员工可能会提出一两次质疑，但在得到“这种担忧没有必要甚至是错误的”反馈后，他要么接受同样的信念，要么选择保持沉默。阿希实验（Asch，1951）在实验室中反复重现了这种行为模式。这些实验是在一群彼此陌生的人之间进行的，参与者彼此间没有任何明显的控制权。实验对象被要求选择长度相同的线条，而其他参与者则被要求一致选择错误答案。令人惊讶的是，37% 的实验对象接受了明显错误的答案，75% 的参与者至少有一次选择从众。事后访谈中，大多数人表示并非真心认同答案，只是害怕被嘲笑或被视为“异类”才选择随大流，少数人甚至真的相信了群体的错误答案。这揭示了当群体达成共识时人们保持沉默的心理机制，也印证了“归属感需求”对人的强大影响力。

著名的米尔格拉姆实验（1963年）对人类服从权威的反应作出了令人不安的揭示。近年来，该实验也被视为证明了归属感需求如何驱使人们违背自身价值观。实验表明，他人（即使是陌生人）会深刻影响我们对现实的认知和行为。在实验中，大多数受试者违背个人道德准则，对他人实施他们自认为会造成痛苦的“电击”。这种行为最初被归因于对权威的服从——听从实验主导者的指令。

这些早期研究使人们认识到群体规范对行为的强大影响力。2005年一项关于安全绩效的研究再次印证了这一点：“共享的员工规范既能预测工作环境安全感知，也能预测风险行为，对主管的信任可预测安全环境感知，而对管理层安全价值观的信念则能预测风险行为”（Watson et al., 2005）。人们不再被视为完全独立的个体。即使他人不在场，同事群体压力和权力结构仍在心理层面限制着个体的独立行动能力。

2.3 人际关系与归属感背后的神经科学

数百万年来，我们的祖先以狩猎采集为生。他们需要有强烈的群体认同感才能生存下去。那些不属于部落的人被视为敌人。大约在五万年前，现代人出现了。我们的大脑额叶在进化上有了巨大的飞跃。神经科学家们花费数十年时间对大脑的额叶进行扫描，并将该区域与现代人类行为的功能联系起来，比如创造性思维、艺术表达、规划和语言（Balter, 2002）。然而，即便大脑进化出了额叶皮质，更古老的边缘脑依然存在。

边缘脑古老且位于大脑皮层之下。它支持多种功能，包括情绪和长期记忆。边缘系统的主要功能之一是应对压力。这包括通过杏仁核和下丘脑来准备应对和评估威胁。一旦发现威胁，全身的血液和能量都会涌向肌肉，以供逃跑或防御所用。在极度危险的情况下，大脑的认知部分可能会停止运转。

2.3.1 为适应生存而演化出的生物构造

有科学证据表明，人际关系是生物进化赋予我们大脑的一种本能。核磁共振成像显示，大脑对社交排斥的威胁和对失去食物与住所的威胁的反应方式相同。我们往往认为人际关系只在与朋友、家人以及少数重要人物的个人生活中才有意义。然而，即使在一些看似无关紧要的情况下，比如陌生人没有把球扔给你，我们的大脑对被排斥的反应也是一样的（Eisenberger et al., 2003；Eisenberger and Lieberman, 2005；Lieberman, 2013；Rock, 2009a；Eagleman, 2011；Eisenberger and Cole, 2012；Bailey and Martha, 2014）。

建立人际关系的普遍倾向是一种适应生存的特质。科学家推测，人类天生拥有庞大的关系处理神经回路，这是因为我们的生存依赖于他人（Baumeister and Leary, 1995；Eagleman, 2011；Banks, 2016；Caporael, 1997；Vladas et al., 2015）。那些建立紧密情感纽带的部落成员，更少因落单而沦为猛兽猎物或遭受自然灾害。

被排斥、人际关系断裂的威胁感，其强烈程度与饥饿或身体危险相同，且在大脑中的反应区域也相同。即使出于积极的意图，管理者仍可能通过以下任一行为触发员工的威胁反应：

· 未明确工作方向或预期；

· 公开场合纠正员工错误；

· 对工作成果未给予应有认可；

· 临时撤销已分配任务；

· 过度监控进度并干预细节执行；

· 未解释缘由提拔或奖励特定人员；

· 隐瞒或误报影响员工生活的重大事件信息；

· 对员工建议不作为且不给予反馈。

由于管理者常常意识不到自己的行为在员工眼中具有威胁性，所以一些公司会以匿名调查问卷或访谈评论的形式收集员工反馈。神经科学专家质疑此类方式的有效性——人类大脑在遭遇批评时会停止信息处理。我发现很多管理者在面对负面反馈时会采取回避态度，关闭沟通渠道。他们要么质疑信息真实性，要么干脆置之不理。当管理层具备接纳并实施反馈的成熟度时，规范设计的问卷仍是有效工具。但若反馈始终未被落实，则无法起到任何促进人际关系的作用。

关系型领导力是一种领导者通过征求不同意见在对话中获取反馈的方法。当主动询问他人对自己沟通效果或问题回应表现的反馈时，双方信任度会同步增强。信息得以通过更及时、更易被接受的方式实现共享。

2.3.2 情绪应当被认真对待，而非强行压制

由于人际关系会影响我们的情绪，所以我们的行动和行为会受到与他人关系的影响（Schwartz et al.，2011；Cozolino，2014）。因此，加强领导者与追随者之间以及团队成员之间的关系，是提升绩效的关键要素。在此过程中，社交性要素处于首要地位（Rock，2009；Baumeister and Leary，1995）。

保持包容性人际关系可降低威胁反应。成功的管理者更有可能是那些在管理中始终考虑威胁反应，并严格遵循五项管理要务的人：（1）帮助他人保全面子；（2）提供信息以帮助人们应对不确定性；（3）尊重自主权；（4）关注公平性；（5）建立关系（adapted from Rock，2009b）。

此外，当人们感受到作为团队成员被尊重和重视、拥有按自己方式工作的自主权，并与同事受到公平对待时，其大脑奖励中枢的活跃程度与获得大幅加薪时相同。处于这种心理状态的员工，表现出支持性行为的可能性显著增加（Pink，2009）。

知名神经领导力专家 David Rock（2009b）指出，此类研究的重要启示在于——理性被过度神话，而我们对情绪存在认知倒错。许多领导者认为需要压抑情绪反应，但研究显示这种压抑反而会降低信息处理能力，并可

能引发他人的威胁反应（因其会试图解读领导者真实感受）。若能以不归咎的方式承认并管理情绪，各方往往能超越情绪继续解决问题；若情绪频繁爆发，领导者则需通过自我提升路径识别情绪触发点并削弱其影响。

2.3.3 讲故事与大脑反应

普林斯顿大学乌里·哈森（Uri Hasson）的突破性研究（Stephens et al.，2010）揭示了故事讲述中互动双方的大脑奥秘。通过核磁共振成像观察发现：某些情况下，倾听者的脑神经活动模式会在短时间内与讲述者形成镜像；另一些情境中，讲述者与倾听者的大脑活动甚至实现了零延迟同步；更惊人的是，在极少数深度倾听状态下，倾听者部分皮层区域的神经活动竟能预判讲述者的脑活动轨迹。

这项研究证实了大量文献中所阐述的观点，即讲故事是领导者最强大的沟通工具。它在团队建设方面也非常有效，这也是我们将其纳入附录中提供的人际联结练习的原因。

2.4 复杂响应过程理论

复杂响应过程理论（Complex Responsive Processes，CRP）或许对当前安全管理中的思维模式提出了最根本的挑战。该理论直面现实的极端复杂性，揭示了简单线性控制模型的内在局限性。由格里菲斯和斯泰西（Griffith and Stacey，2005）基于复杂适应系统类比发展而来，复杂响应过程理论将组织视为复杂、自组织、涌现且持续演化的生命体。在此框架下，人类互动本质是通过对话展开的关系网络，人不是构成系统的零件，而是通过关系网络塑造系统整体的能动主体。管理者的核心角色由此转变为意义建构对话的参与者。

主流安全管理方法多基于系统理论。该理论的核心目标之一，是通过描述系统特性使其能被自动化控制机制调节至预定目标（Morgan，1986）。而复杂适应系统理论（CAS）则颠覆了传统管理控制范式——控制与秩序是涌现而非层级化的（Dooley et al.，1995；Lewin，1992；Waldrop，1992）。系统状态具有不可逆性与不可预测性，秩序在演化中生成而非预先设定。直接的因果关系鲜少存在，因为正如人类个体，组织只能探索有限的选择路径，且必然基于不完整信息行动。试错法主导着组织决策与变革进程（Wheatley，1992；Stacey，1996）。这一理念质疑了事故调查的适用性，因其无法还原决策时的真实情境。

表 2.1 对系统理论和复杂适应系统（CAS）的假设之间的差异进行了比较。

表 2.1　系统理论与复杂适应系统理论之比较（Salazar，2009）

系统理论	复杂适应系统理论
基于数学	基于心理学与社会学
过程是可预测的	过程是随机且不可预测的
因果关系为人所知	因果联系并不存在
组织寻求平衡	个人会经历充满冲突和模糊不清的非平衡状态
长期目标要么是有意为之，要么是自然而然产生的	长期目标源自自发选择和竞争选择
由负面反馈驱动的行为	积极的反馈也会影响行为

系统理论的局限在于：管理者虽然能制定愿景、战略并重塑组织架构，但方案实施后的发展轨迹却超出其完全掌控。即便是激励体系与正式契约也无法全然左右结果，因为日常人际互动可能颠覆既定方向。领导者的控制力不再源于系统设计者或导师身份，而是作为参与者存在。当他们投身于塑造现实的对话洪流时，既在施加影响也在承受影响，由此基于真实情境作出更优决策。

领导层参与对话是复杂响应过程（CRP）的实践形式——在关系网络中，人们会因彼此的价值观权重而相互影响。人际互动持续塑造组织行为的走向，这并非系统设计所能独立决定。若缺乏关系联结与社会互动，安全管理体系将难以持续。此观点挑战了依赖规章制度却忽视日常互动的主流安全管理范式。即便员工参与过规程制定，最终仍会无视条文，因为真正驱动安全行为的是即时发生的社交互动。拥有40年核设施与洛斯阿拉莫斯国家实验室安全管理经验的吉姆·劳德（Jim Loud）指出："动态支持系统（即持续演化、非静态的）仍至关重要，且能促进人际关系建设。"要实现这种机制，领导者与安全专业人士必须优先保障与一线员工的常态化互动。

2.4.1 关系心理学

关系心理学源自拉尔夫·斯泰西对复杂性科学的研究，它以人际关系为中心看待人类心智及其功能，尤其是那些在决策情境中影响行为的功能。

我们对现实的解读与最终所做的抉择，本质上是受过去和当下人际关系网络影响的社会化过程。在此意义上，斯泰西与阿吉里斯的观点不同——我们并非依赖内在心智模型独立决策的个体，决策诞生于复杂响应过程的交互洪流，并由此建构组织现实。尽管个体携带着从其他群体经验中形成的心智模型进入组织，但新的组织对话将重组群体经验，从而创造对真理的新认知。改变个体即改变群体，改变群体即改变个体。群体行为变革与个体行为变革实为同一现象的两面，当对话发生改变，新结果自然显现。

斯泰西的研究使他确信：组织中所发生的事情并非源于战略规划、激励机制、考核指标或其他管理控制手段，而是个体与群体间不可预测的互动和沟通的产物。他坚持这一观点，因为人类行为的根本动力源自其对现实的感知，而这种感知又由对话、互动与权力博弈所塑造。人际对话是将思想转化为成果的载体，组织内部此刻的言谈内容正决定着当下的结果。既然互动本身与即将浮现问题的具体形态皆具不可预测性，那么高效管理者需构建并维系广泛的关系网络，以确保精确信息的持续流动。

"人际关系，而非奖励、考核或计划，驱动着组织的实时决策与运作"，这一理念并非全新，但斯泰西的贡献在于深度揭示了其对组织管理的全部意义。并非说规划或衡量不重要，问题在于我们过度聚焦前期计划与指标设定，而环境瞬息万变。若缺乏持续对话引导实施过程，计划终将失效。尽管员工的即兴应对常能完成必要调整，但前提是他们必须掌握充分信息以作出正确决定。

斯泰西的理论根基可追溯至社会学家乔治·赫伯特·米德（George H. Mead，1934）和诺伯特·埃利亚斯（Norbert Elias，1970），他们将关系心理学推向新维度。若要更深刻理解社会互动如何塑造组织行为，欧文·戈夫曼（Erving Goffman）的研究值得关注——他在米德的符号互动论基础上，聚焦人类如何通过互动策略维系归属感，为组织研究注入戏剧化视角。

2.4.2 乔治·赫伯特·米德的观点

乔治·赫伯特·米德（George H. Mead）提出，我们之所以能意识到自己是独立个体，完全源于他人的存在。正是与他人的互动让我们感知到自身的存在。自我意识并非与生俱来，而是通过长期社会经历与活动逐渐形成的。米德认为自我是从社会活动中产生的，比如观察他人、与他人互动以及回应他人对自己的看法。这种“社会性自我”的视角在当时的学术界独树一帜——与其同时代的社会学家和心理学家多强调生物遗传对自我的决定性作用。他的理论深刻诠释了信念 4：人们具备为所在组织作出贡献的能力与意愿。当他人这样看待他们时，他们就会这样做。

米德认为，语言是社会秩序的核心构件。“脱离语言，心智与思维便不复存在”，且心智“仅仅是社交互动的发展产物”（Mead，1934，p.191–192）。社会互动之所以成就完整沟通，关键在于人们需要通过对他人反馈的反馈来达成深层理解——这是一个持续的意义共建过程。

2.4.3 欧文·戈夫曼的观点

欧文·戈夫曼（Erving Goffman）出生于米德之后 59 年，是 20 世纪最具影响力的社会学家之一（Fine and Manning，2003）。他毕生致力于揭示人类如何通过微妙的方式呈现合宜的自我形象，以适应特定情境。若想融入特定群体，个体必须在行为举止、着装风格、兴趣偏好等维度满足该群体的预期标准。

戈夫曼的理论在米德基础上更进一步，聚焦于人类如何在互动中进行印象管理以融入群体。他认为人生如同剧场，个体通过角色扮演塑造社交形象，并运用特定技巧避免令自己或他人陷入窘境。我们在不同场景需切换不同行为模式（Fine and Manning，2003）。在工作场所，这可能表现为员工因恐惧暴露能力缺陷或丧失地位而不敢提问；同样，出于对他人地位的敏感，即便察觉工作方式有误也可能保持沉默。

戈夫曼的理论模型揭示了人性中某些本质特征，清晰展现了建立信任与开放式沟通何以如此艰难。正如 A. 贾维尔 · 特雷维诺（A. Javier Trevino）所述，戈夫曼将人描绘成：

> 焦虑不安、担惊受怕、装模作样、规避风险，还总是不由自主地“一心只想避免尴尬”。人们在“印象管理”中周旋，似乎永远处于紧张不安的状态，依照一份脆弱的社交契约艰难前行，其主要条款是“等价交换”（即“只要你不让我难堪，我也不会让你难堪”），这一契约以相互信任和尊重为基础……在任何互动中，参与者都有相当大的可能略感尴尬，也有极小的可能遭受极大的羞辱。生活或许算不上一场豪赌，但互动却是。
>
> （Trevino，2003，p. 14）

学界公认，戈夫曼最大的贡献在于提出“互动秩序”这一概念（Fine et al.，2003）。互动秩序由一套不成文的社交规则构成，这些规则既塑造了我们的成长轨迹，又影响着我们如何行事以及如何解读他人的行为。尽管我们无法选择自己所处的互动秩序，但它同时决定着我们的自我意识与所处的社会结构。正因如此，要求人们改变互动模式——例如挑战权威或接纳圈外人——实则是在要求其放弃既有自我概念，这注定是场艰难的革命。

互动秩序深刻制约着组织的敏捷性、创新力与开放式沟通。严苛的流程规范与沟通限制，往往抑制员工的责任担当与新方案创造。当个体仅能循规蹈矩地执行权力者的信念与假设时，自主性与创造力便丧失生长空间。成功的领导者通过系统认知或直觉洞察这些社会动力机制，并运用本书所述实践方法提升心理安全感，破解困局。

2.4.4 诺伯特·埃利亚斯与权力关系

对权力关系关注不足，或许正是组织变革高达 70% 失败率的核心诱因（Strebel，1996；Beer and Nohria，2000；Beer et al.，1990；Kotter，1995）。在变革时期，人们往往不愿谈及“那些常常困扰着现实组织中真实个体的诸多情绪与政治问题”（Ford et al.，2008）。同样，类似的沉默也笼罩着安全领域——关于权力关系如何影响安全决定的讨论也近乎空白。这可能导致错误的感知，即宣称“我实行开放政策”或“人人有权叫停危险性作业”就能营造公平的环境。事实并非如此，因为所有人都清楚，疏远可能在将来影响自己的更强大关系，会带来何种后果——得罪可能影响自己职业发展的实权人物，终究要付出代价。

诺伯特·埃利亚斯（Norbert Elias，1970）对权力、地位和财富如何塑造社会非常感兴趣，他的研究影响了斯泰西对复杂响应过程理论的发展，并指出同样的动力机制也塑造着我们的组织。然而，我注意到，在标榜公平竞争和能者居之的社会环境里，多数人仍不愿直面这样的现实——你能否进入核心决策圈，本质上取决于权力网络中的位置差异。包容与排斥往往被视为身份地位的直接体现。

作为维护权力的一种手段，排斥在历史上表现为，对与掌权群体不同的那些人区别对待。这种动力机制远远超出了种族、性别、性取向或社会经济地位的范畴。在运转不良的组织中，很少有人觉得自己被倾听或受到尊重。这种情况通常会导致事故和经营失败。

这种对个人和群体的忽视可能是无意识的。研究表明（Rock，2009a），大脑会将“非相关人群”的信息与“群体内部成员”的信息存储于不同脑区。当管理层忽视某些个体的意见时，实质上瓦解了协作与投入所需的归属感与“我们”这一身份认同感。缺乏信任关系，有效的沟通、支持或参与便如空中楼阁。

复杂响应过程始终处于运作状态。如同更广泛的社会系统，人们在应对不确定性时，会自然启动竞争、冲突与合作三种互动模式。若要将这些社交互动导向协作的平衡态，必须通过包容性策略来管理权力关系。

包容与排斥是基于权力的两种主要行动，这种行动能促使员工参与工作或脱离工作。关系心理学为群体影响力与权力正名，其正当性却常被“群体思维”等负面标签所削弱——这些标签实则源于人们对排斥的深层恐惧。群体思维本就是人类的思维方式。斯泰西指出，我们并非依据头脑中一套静态的心智模型来构建对现实的认知。我们通过与他人的互动对话和叙事编织经验，将其凝聚成可称之为信念与假设的主题。即便在独处时自认为未被他人影响，往昔的观念与声音仍在潜意识中持续塑造着我们的认知图景。

真正的挑战在于：如何构建一个权力博弈无法压制开放意义建构的环境，从而避免发散性思维遭扼杀（Carmeli et al.，2009）。关系型领导力致力于满足个体的情绪与社交需求，同时巧妙转化权力动力机制——将组织政治能量转化为相互质疑与挑战的认知引擎，引导形成“建设性碰撞”的文化共识。

2.4.5 “复杂响应过程”概念在领导力场景中的实践应用

需注意，所有复杂响应过程的应用都依托于有目的的对话。领导力并不是被任命的职位，而是源于我们理解突发问题，将对话提升到新的认知层次并最终解决问题的能力。

由于复杂响应过程对权力关系敏感，它通过有意识的包容与排除来识别所有受影响的相关方，并在启动变革前获取他们的意见。此外，在团队对话中，领导者会引导沉默的参与者发言，主动寻求不同意见，并以展现理解其潜在价值或问题的方式予以回应。

人们不断决定接下来要说什么和做什么，并相互触发反应。计划和设计无法控制他们的思维或行动方向。对话（根据拉尔夫·斯泰西等 2002 年的定义，即被理解的交流）是最常见的社交互动形式。冲突是寻求意义的互动形式，因此不应被解决而应被理解。复杂性科学将冲突性差异视为类似于多样性对适应性的作用。

因此，领导者可以通过直接参与对话来影响方向。同时，如果领导者不参与，其影响力和信息获取能力将严重受限，并增加失败风险。领导者的角色是倾听，然后从每个人的发言中阐明新的理解层次。领导者不一定要提供问题的解决方案，而是创造允许更高质量问题解决的心理氛围。

尽管领导者能够掌控对话进程，但无法控制人们对所述内容的理解，也无法控制结果。接受这种有限的掌控力，需要我们提升承受不确定性和焦虑的能力。若领导者相信信息和答案源自人际互动，便能从中获得更多洞见。

掌握诸如倾听、提炼关键信息及引导探索过程的能力的引导技能 / 促进技能（facilitation skills）至关重要。培养同理心使领导者能识别涌现的议题、态度、需求与恐惧。这种能力使领导者能针对核心问题提供信息、明确方向并澄清疑问，从而减少阻力并提升问题解决效果。

最终，领导者在对话中的互动方式会引发整个组织效仿的反应。领导者对创新与风险承担的开放态度，以及对错误采取非威胁性回应，能够提升信任水平。这在探索未知领域时尤为重要，既能降低焦虑感，也能帮助人们涉足原本可能回避的领域。

2.5 意义建构

意义建构（Sensemaking）是卡尔·韦克提出的模型，指人们理解未知事物以采取行动的认知过程。当以群体形式进行意义建构时，其作用在于对事件、挑战或潜在方案建立共同理解。韦克认为，该过程兼具个体与群体双重属性。不过，与拉尔夫·斯泰西类似，他强调即便个人“独处”时，仍会调动多重自我认知或过往记忆，从而激活多元视角。

韦克的另一项重要贡献在于他提出的组织集体心智概念（Weick and Roberts，1993），这一概念凸显了人际关系因素在安全绩效中的重要性。该概念旨在解释航空公司近乎零差错的运营情况。正如他所解释的那样，集体心智是社会系统中专注且相互依赖的行动模式。随着对他人及系统相互依存关系的专注意识和觉知的增强，错误随之减少。韦克指出，意义建构对话在培养这种觉知中发挥核心作用。

戴夫·斯诺登（Dave Snowden）开发了一种创新的叙事性意义建构流程，该流程将讲故事作为探究工具，以理解复杂的环境。这种叙事性方法有望成为从失败中学习的一种方式，因为人们更愿意分享自己未遂事故的经历以及其他可供学习的经验（Deloitte，2009）。

团队成员通过互动协作深化对工作环境的理解，而群体环境下的意义建构尤为有效：社会压力促使成员合理阐释行为动机并提供可靠依据。如韦克精辟指出：意义虽由个体主观构建，但群体共识通过多数决定形成最终结论。

有效的意义建构须具备两个关键条件：存在相互信任的关系，能够避免指责和负面评价的能力。这一概念在事故预防和分析中十分重要，因为它解释了我们如何通过持续努力构建事件脉络，并对所发生的事情进行回顾性解读来构建现实。人们通过互动增进对所处环境和工作内容的理解。意义建构在群体中效果最为显著，因为社会情境压力迫使人们证明自身行为的合理性并提供可信信息。正如韦克所说：“意义或许见仁见智，但观察者会投票表决，多数人的意见占上风（Weick，1995，p. 6）”。

韦克通过多个重要案例研究发展了他的理论，在这些研究中，他深入观察复杂情境，试图理解人们如何从看似矛盾的信息中构建意义。他发现，他们的作业活动的危险性和复杂性需要开放且完整的信息流动，而这种理想状态往往难以达成。

不确定性是高风险环境中工作人员经常面临的一种情境。当意义建构过程中缺乏人际关系时，它会阻碍高风险工作中所需的信息自由流动。为营造一个高绩效的工作环境，领导者需要建立良好的人际关系，建立这样的沟通机制：既让员工能够轻松地汇报微弱的信号，又能在对期望感到不确定时主动直言。

微弱信号与鼓励人们主动直言

我们该如何鼓励人们主动直言呢？有人认为："我们都是专业人士，所以主动直言是每个人的本职责任。"所以他们不认为自己有责任为人们创造一个主动直言的安全环境。我们可以不断要求人们主动直言，但是，一旦他们察觉到，哪怕是最轻微的负面后果，人们就会闭口不言，开始保持沉默。这种后果不一定很明显，可能细微到减少给某位同事发送邮件。但是，他们可能会开始琢磨："这是否意味着我在团队的重要性降低了呢？"

有时人们对自己掌握的信息没有十足把握，因而不敢贸然主动直言。结果，我们便错失了韦克所说的"微弱信号"（Weick and Sutcliff，2001）。他指出，高可靠性组织（HRO）与其他组织的最大区别在于，前者善于捕捉细微迹象的重要性，并在必要时强力响应。根据我的经验，许多此类微弱信号都存在于情绪和感受层面。

对重大航空事故及机组人员行为的分析揭示了人际关系的关键作用。当机组人员构成随班次变动时，信息交流的内容与质量会严重受损。某些情况下存在既定操作流程，多数人无须过多讨论即可对事件意义及应对措施达成共识。但在需要团队自主构建现实认知的情境下，若缺乏关系联结，机组将难以有效应对紧急状况（Murphy，2001；Snook，2000）。

2.6 关系型领导力

领导者并非在真空中运作。关系型领导力是员工与管理层通过互动理解现状、确定行动方向及实施方式的过程。这种持续循环且复杂的社交过程，始终受到人际互动的影响与塑造（Sayles，1964；Gittell and Douglas，2012）。

许多人认为关系型领导力处于新兴领导理念的前沿。其理论先驱——领导者—成员交换理论（LMX）早前已证实，领导者与追随者的关系质量直接影响工作成果（Graen，1976；Graen and Uhl-Bien，1995；Uhl-Bien and Ospina，2012）。研究记录了管理者与下属关系的自然发展过程，以及管理者快速决定信任 / 倾听对象的倾向。一旦形成“圈内人”与“圈外人”群体，这种包容或排除往往是无意识的且难以改变，严重阻碍信息自由流动与多元观点融合。这将导致潜意识偏见，并倾向于排斥圈外成员提供的信息。

关系型视角提供了一个基于研究的坚实框架，将领导力视为创建包容性社会结构的过程，这种结构决定了组织内部发生的各种事务。这是因为人类受归属感需求的驱动，而领导力正是构建与变革社会秩序的过程。

关系型领导力为“如何促使人们遵守规则和程序”这一管理难题提供了答案。信任员工并减少对控制式手段的依赖，这样做如何才能带来更好的结果呢？答案取决于领导者与追随者之间，以及追随者彼此之间建立的关系质量。传统管理模式难以接受这种观点，因其认知体系中真理只能源自可复现的实证观察事实。因此，任何管理理论的科学性都需经数据独立验证方可成立（Boisot and McKelvey，2010）。

当面对复杂人类与技术因素交互的现实情境时，传统管理认知就会出现问题。当你相信工作场所中的人们相互依存，并共同创造现实时，那么，你独自一人时所见的真相可能与你身处群体中时可能截然不同。这一切都凸显了对话的必要性，以赋予意义或解读正在发生的事情。若领导者不参与其中，人们就会自行赋予其意义。

人际关系构建了维系着诸如工作和沟通惯例等要素的社交结构。相较于“文化”，我更倾向于使用“社交结构”这一术语，因为其中的权力与政治因素更为显著。这也使人际关系成为影响过程的核心要素。因此当信息交换方式发生改变时，社交结构就具备了变革的可能（Hatch，1997，p. 180）。正因如此，在个体对话与团队交流中践行相互尊重与理解，将直接决定绩效水平。

2.6.1　关系型视角在关系型领导力中的应用

关系型视角认为领导力是一系列能够建立积极的领导者与追随者人际关系的技能。因此，关系型领导力的发展包括对人际交往能力和社交网络重要性的关注。如果领导力是与追随者共同构建的，那它就不是一项个人行为。它需要与实际做事的人保持持续的互动。

要求管理者接受这样一个假设——建立个人关系能够改善沟通和工作表现，这颇具挑战性。众多的个人生活经历和文化差异都会影响一个人，展现个人一面的意愿程度。其中的风险在于可能会暴露自己的弱点，甚至有丢面子的可能。

关系协调理论可以有助于管理者理解为何关系因素对于有效沟通如此重要。该理论是基于在航空、医疗等复杂环境中大量研究和测试形成的沟通改进策略。该理论通过七个维度（见表 2.2）定义了高绩效组织成员间的沟通特征（Gittell，2005；2009）。

表 2.2　关系协调维度及其在安全领域的应用（adapted from Gittell，2005）

关系协调维度	对参与安全流程的那些团体之间互动情况的描述
共同目标	在解决工作场所的安全问题方面，人们是否有共同的目标
共有认知	人们是否以相互促进安全的方式理解彼此的工作
相互尊重	人们是否尊重彼此对工作的贡献
沟通频率	人们在工作过程中是否经常就安全问题相互沟通
信息时效性	安全信息是否及时传递
信息精准度	安全开展工作所需的信息是否被准确传达
解决问题，而非指责	当出现安全隐患时，人们是否会共同协作解决问题

吉特尔的研究涵盖了这7个维度以及社交网络的概念。她开发了一种用于衡量关系协调性的调查工具，该工具已被用于查明沟通障碍以及如何克服这些障碍。表2.2展示了针对安全方面所改编的调查版本。前3个维度（共同目标、共有认知和相互尊重）描述了人际关系的状态。接下来的3个维度（沟通频率、信息时效性和信息精准度）与信息的质量有关。最后一个维度（解决问题，而非指责）指的是保持对问题的关注，而非指责个人。这些维度有助于知识的传递，同时也会影响决策过程。

我分享该模型的经验表明，管理者很快就会明白：虽然信息很有价值，但若缺乏共同目标、相互信任或共有认知等人际关系维度，信息就无法被传递或接收。第7个维度“解决问题，而非指责”，同样是一个关键因素，因为在基于恐惧或指责的环境中，信息无法被成功共享。

关系型对话会创建关系型领导力所需的条件，从而促进相互理解和尊重。这将促进安全计划稳健推进所需的开放式沟通以及协作。这并非闲聊。除与人建立融洽关系之外，还涉及传递你对组织工作及挑战的理解，从而提升个人可信度。这样一来，当你提供建议或指示时，其他人更有可能倾听。

埃德加·沙因主张，领导者可以选择建立三种层次的关系。它们可以是正式的、个人的或亲密的（Schein，2016；2017；Schein and Schein，2018）。第一层次的关系是交易性的、官僚化的和专业的。它们是不带个人色彩且相对缺乏情感的。在第二层次，信任和开放程度会增加。第三层次是推荐用于提高组织绩效的层次。在第三层次的关系中，亲密感和情感依恋会发展起来。沙因父子再次强调“组织持续发展的根基，源于各类人际关系中完整人类个体在社交、情感及合作层面的互动”（Schein and Schein，2018，p. x）。

我认为，这种层级区分体现了埃德加·沙因对文化的敏锐感知，表明了他对文化差异的深刻理解。尽管处理人际关系的方式会因人而异，但对个人层面关系的重视是关键所在。在与他的一次邮件往来沟通中，我有机会将建立个人联系的话题置于安全视角之下：

罗莎——我的主要观点是，对话必须在一定程度上涉及个人层面，因为这是建立信任的唯一途径。对话涉及个人层面始于"Y理论"，即把对方当作完整的人来认真对待，而不仅仅是某个职位上的员工。缺乏人情味的对话可能在不经意间迅速导致信任流失。在我与（公司）员工共事期间，他们始终声称管理层根本不在乎安全问题，这与我观察到的管理层真实关切严重不符。但类似这样的情况确实会发生：某次事故中，一位员工的挚友严重受伤。工会成员急忙找到车辆调度管理员申请用车探望伤者，却被告知此举违反规定，任何求情都不能成为破例理由。这名员工随后逢人便说："看吧，他们根本不在乎安全，甚至不让我去看受伤的兄弟。"车辆调度管理员既没有进行个人化沟通，也没有表现出应有的同情，更没有尝试联系上级申请特批来解决问题。

沙因——如果关于个人化沟通的核心价值未被真正理解，那么您所提及的所有管理工具，在高层管理者仍采用非个人化方式开启对话的任何场景下，终将难以奏效。这正是我撰写《谦逊的探询》的初衷，且我始终坚信：运用该方法构建更具个人化的对话，是建立信任与有效沟通的核心。我们需要的不仅仅是对话本身，而是更具个人化的对话。

（Schein and Carrillo，2017，私人通信）

无论是运营管理者还是安全管理者，除非他们决定至少探索一下关系型领导力的好处，否则他们不太可能采用个人化对话作为变革的推动力。我采用的解决这一问题的方案是，鼓励高层领导者与每位直接下属进行一对一的谈话，让他们亲身体验到无须担心遭到报复或被排斥的情况下开放式沟通的好处。在人类各类组织的最高层级，也存在着对主动直言的恐惧。

正如卡尔·罗杰斯（Carl Rogers，1951）所指出的，仅仅倾听他人而不加评判并完全接纳的这一行为就能修复一段人际关系。由于这在大多数商业环境中都是反直觉的，因此这种方法需要个人愿意尝试，并可能经历失败后才能获得成功。

然而，我认为这些观点无法说服那些曾与难相处之人有过负面经历的人。和所有人一样，我也可以举出自己生活中许多通过倾听和对话未能修复一段人际关系或改变局面的例子。失败的原因有很多，从我自己无法抛开情绪或既定计划，到对方不愿改变自身或他们的观点。

我曾与一位男士共事（姑且称他为约翰），他在许多方面都非常优秀且才华横溢，但他坚信通过威慑手段才是掌控环境的最佳方式。对任何他自认为的怠慢都极度敏感，他会对冒犯者咆哮，完全不顾对方感受或在场人员。他明确表示拒绝改变，任何劝导都无济于事。所幸他最终选择离开公司。这类人并非我们所述转型过程的适用对象。但这类人的存在，并不能否认大多数人渴望获得归属感的事实。

在多次主持活动时，人们问我："你是如何让那个人参与进来或敞开心扉的？"他们觉得这样的成果很神奇，但事实并非如此。首先，双方必须对改变持开放态度，愿意接受相互影响。领导者需承担率先倾听的责任，对话时始终秉持两个信念：对方既有成长的潜力，也有值得学习的地方。我们无须为对方的最终选择负责，但有责任保持开放心态，接纳关系转变的可能性。若我们给他人贴上负面标签（如心里认定对方就是固执/难沟通），这些标签极可能成为现实。

因此，如果我们承认，当人们不以更个人化的方式开启对话时，所有沟通工具都将失效，那么，该如何使交流更舒适且更不具威胁性呢？我发现，一个有效的方法是让参与人员讲述个人故事来增强心理安全感。一个有趣的现象是，随着活动推进，每个分享的故事会变得越来越个人化。仿佛当一个人主动讲述自己的故事时，下一个人自然就敢更放得开——这种心理安全感就像击鼓传花，团队里总得有个起头的。

2.6.2 关系型领导者的故事讲述与对话实践

关系型领导者通过讲述故事来引发情感联结和承诺投入。这种叙事性意义建构能够梳理组织现实，引发对实践与假设的反思——这些反思在获取变革承诺方面比官僚权威更有效（Orr and Bennett，2017）。

人们通过倾听故事获得成长。过去 12 年我参与并主持戒毒戒酒康复对话的经历，使我能够从容引导倾诉者表达故事，即便这些故事中包含着强烈情绪或积怨也无妨。我观察到，在适当条件下，一旦负面情绪得以表达，其强度就会减弱。当情绪开始消散时，便可提出澄清性问题并引入其他视角。我们在小组对话中仅设立两条铁律：禁止任何肢体暴力或暴力威胁，交流结束后必须保持得体举止；实际上还希望借此建立友谊关系。在我主持该小组的 12 年间，这两条规则从未被打破，群体共识形成的约束力极其强大。

积极倾听他人讲述自己的故事，这能够改变局面。既要邀请他人分享故事，也要主动讲述自己的故事。这种化解人际关系问题的方法非常简单，却常被忽视。当然，这不是敷衍式倾听。当我们以开放心态倾听时，新的机会就会显现。每个困境都孕育着新起点，通过倾听能找到解开问题的关键线索。

用“故事”一词描述个人对事件的解读有时会遭到抵制，因为它带有虚构叙述的意味。这种表述可能弱化实际承受的痛苦或事态的严重性。但故事远比客观、干巴巴的事实更具感染力。它们是情感、信念和假设的有效载体。若我能通过讲述故事来佐证观点，那我的可信度会显著提升。尽管难以接受，但是随着时间的推移，改编为故事确实能够改变对现实的感知。我们的线性思维会本能地反对：“现实岂能篡改？事实就是事实。”

一个让我的效能有实质性转变的我改编的故事是，我从说自己是“内向的人”改口为“外向的人”。我一直觉得自己是个内向的人。后来我做了一次性格测试，心理医生却告诉我我是外向型的。这让我感到很生气，因为我认为自己更有资格来判断这一点。不过，我开始尝试那位心理学家的建议，即多参加社交活动、提前安排与朋友相聚、多参与团队项目等。我发现自己的确更有活力了。我只算轻微的外向性格，但这增强了我拓展人际网络和社交的意愿，这对我的事业很有好处。

这些转变可能有益于工作场所的人际关系。比如，同事的缺席可能会让我们觉得他们不负责任。但当我们得知他们是在照顾年迈的父母时，这种感觉就会转变为同情。正因如此，在安全环境中鼓励员工分享个人故事，能带来显著的积极影响。

附录提供了三个具体的练习，旨在帮助提升心理安全感，以便让人们展现自我。讲述个人故事的形式可灵活选择：既可以是简短的“今天令你担忧或期待的事是什么”，也可以是详尽的“请分享你人生至今的重要成就与挫折经历”。

讲述自身故事的力量在于它能激发同理心，打破那些常使人感到孤立无援的隔阂。当我们听到他人的经历、感受及当前处境时，会意识到彼此的共同点，这种联结感至少能暂时消除孤独。其神奇之处既可能体现在亲切感替代焦虑的简单转变，也可能发展为通过借鉴他人苦难与勇气而获得内在力量的深刻觉醒。

参考文献

1. Argyris，C. and Schon，D.（1974）. Theory in practice：Increasing professional effectiveness. San Francisco：Jossey-Bass.

2. Asch，S.E.（1951）. Effects of group pressure upon the modification and distortion of judgment. In：Guetzkow，H.（Ed.）Groups，leadership and men. Pittsburgh，PA：Carnegie Press，177-190.

3. Bailey，Martha（2014）. The neurobiology of adult attachment. Master of Science thesis. Accessed 5/29/2016. https：//qspace.library.queensu.ca/bitstream/handle/1974/12551/Bailey_Martha_J_201409_MSc［1］.pdf；jsessionid=EAE04D665A996D931762220417D204C8?sequence=1.

4. Balter，M.（2002）. What made humans modern? Science，295（5558）：1219-1225.

5. Banks，A.J.（2016）. Are group cues necessary? How anger makes ethnocentrism among whites a stronger predictor of racial and immigration policy opinions. Political Behavior，38：

635–657.

6. Baumeister, R.F. and Leary, M.R.（1995）. The need to belong：Desire for interpersonal attachments as a fundamental human motivation. Psychological Bulletin, 117（3）：497–529.

7. Beer, M., Eisenstat, R.A. and Spector, B.（1990）. Why change programs don't produce change. Harvard Business Review, 68（6）：158–166.

8. Beer, M. and Nohria, N.（2000）. Cracking the code of change. Harvard Business Review. 133–141. Accessed 3/28/2019.http：//www.companyrestructure.com.au/pdf/Cracking%20the%20code%20of%20change.pdf.

9. Boisot, M.E. and McKelvey, B.（2010）. Integrating modernist and postmodernist perspectives in organizations：A complexity science bridge. Academy of Management Science, 35（3）：415–433.

10. Caporael, L.R.（1997）. Vehicles of knowledge：Artifacts and social groups. Evolution and Cognition, 3：39–43.

11. Carmeli, A., Brueller, D. and Dutton, J.E.（2009）. Linking high-quality interpersonal relationships, psychological safety and learning behaviors in the workplace. Systems Research and Behavioral Science, 26：81–98.

12. Cozolino, L.（2014）. The neuroscience of human relationships. New York：W.W. Norton & Co.

13. Eagleman, D.（2011）. Incognito：The secret lives of the brain. New York：Vintage Books.

14. Eisenberger, N.I. and Cole, S.W.（2012）. Social neuroscience and health：Neuropsychological mechanisms linking social ties with physical health. Nature Neuroscience, 15：669–674.

15. Eisenberger, N.I. and Lieberman M.（2005）. Why it hurts to be left out：The neurocognitive overlap between physical and social pain. In：Williams, K.D., Forgas, J.P. and von Hippel, W.（Eds.）The social outcast：Ostracism, social exclusion, rejection, and bullying. New York：Cambridge University Press, 109–127.

16. Eisenberger, N.I., Lieberman, M.D. and Williams, K.D.（2003）. Does rejection

hurt? An fMRI study of social exclusion. Science, 302 : 290–292.

17. Elias, N. (1970) . What is sociology? New York : Columbia University Press.

18. Fine, G.A. and Manning, P. (2003) . Erving Goffman. In : Ritzer, G. (Ed.) The Blackwell companion to major contemporary social theorists. Malden, MA, Oxford : Blackwell, 34–62.

19. Ford, J.D., Ford, L.W. and D' Amelio, A. (2008) . Resistance to change : The rest of the story. Academy of Management Review, 33 : 362–377.

20. Gittell, J.H. (2005) . The Southwest Airlines way : Using the power of relationships to achieve high performance. New York : McGraw–Hill.

21. Gittell, J.H. (2009) . High performance healthcare : Using the power of relationships to achieve quality, efficiency and resilience. New York : McGraw–Hill.

22. Gittell, J.H. and Douglas, A. (2012) . Relational bureaucracy : Structuring reciprocal relationships into roles. Academy of Management Review, 37 (4) : 709–733.

23. Graen, G.B. (1976) . Role making processes within complex organizations. In : Dunnette, M.D. (Ed.) Handbook of industrial and organizational psychology. Chicago : Rand–McNally, 1201–1245.

24. Graen, G.B. and Uhl–Bien, M. (1995) . The relationship–based approach to leadership : Development of LMX theory of leadership over 25 years : Applying a multi–level, multi–domain perspective. Leadership Quarterly 6 (2), 219–247, doi : 10.1016/1048–9843 (95) 90036–5.

25. Griffith, D. and Stacey R. (2005) . Complexity and the experience of leading organizations. London and New York : Routledge, Taylor & Francis.

26. Griskevicius, V., Haselton, M.G. and Ackerman, J.M. (2015) . Evolution and close relationships. In : Mikulincer, M. and Shaver, P.R. (Eds) APA handbook of personality and social psychology, Vol. 3 : Interpersonal relations. Washington, DC, US : American Psychological Association, 3–32. Accessed 12/1/18 HYPERLINK "https : //protect–us.mimecast.com/s/6WQ– CmZ2EotjB6Q80CGXVwS?domain=sscnet.ucla.edu" . http : //www.sscnet.ucla.edu/comm/haselton/unify_uploads/files/Evolution and Close Relationships FINAL 2014 [1].pdf.

27. Hatch, M.J. (1997) . Organization theory : Modern, symbolic and postmodern perspectives. Oxford : Oxford University Press.

28. Kerlinger, F.N. (1966) . Foundations of behavioral research. New York : Holt, Rhinehart and Winston.

29. Kotter, J.P. (1995) . Leading change : Why transformation efforts fail. Harvard Business Review. 73 (2) : 59–67.

30. Lewin, R. (1992) . Complexity : Life at the edge of chaos. New York : MacMillan.

31. Lieberman, M.D. (2013) . Social : Why our brains are wired to connect. New York : Random House.

32. Maslow, A. (1962) . Towards a psychology of being. Princeton : Van Nostrand.

33. McGregor, D. (1960) . The human side of enterprise. New York : McGraw–Hill.

34. Mead, G.H. (1934) . Mind, self and society. Chicago : Chicago University Press.

35. Milgram, S. (1963) . Behavioral study of obedience. Journal of Abnormal and Social Psychology, 67 : 371–378.

36. Murphy, A.G. (2001) . The flight attendant dilemma : An analysis of communication and sense making during in–flight emergencies. Journal of Applied Communication Research, 29 : 30–53.

37. Orr, K. and Bennett, M. (2017) . Relational leadership, storytelling, and narratives : Practices of local government chief executives. Public Administrative Review, July/Aug. 77(4) : 515–527.

38. Pink, D. (2009) . Drive : The surprising truth about what motivates us. New York : Riverhead.

39. Rizzolatti, G. (2005) . The mirror neuron system and its function in humans. Anatomy and Embryology. 210 : 419–421. Accessed 7/5/2018. http : //media.myunion.edu/courses/psy725/mirror.pdf.

40. Rock, D. (2006) . Quiet leadership : Six steps to transforming performance at work. New York : Harper Collins.

41. Rock, D. (2009a) . Managing with the brain in mind. Strategy+Business. Issue 56. Accessed 9/21/2016. http : //www.strategy–business.com/article/09306?gko=5df7f.

42. Rock, D. (2009b) . Your brain at work. New York : HarperCollins e–Books.

43. Rogers, C. (1951) . Client–centered therapy. Boston, MA : Houghton–Mifflin.

44. Salazar, R.J. (2009) . Systems thinking and Complex Adaptive Systems consultation in organizations : Wouldn't uniformity help? European Journal of Management, 9. Accessed 8/15/2018. https : //www.researchgate.net/publication/292982338_Systems_Thinking_and_Complex_ Adaptive_Systems_Consultation_in_Organizations_Wouldn%27t_Uniformity_Help.

45. Sayles, L. (1964) . Managerial Behavior : Administration in complex organizations. New York : McGraw Hill.

46. Schein, E. (2016) . Humble consulting. San Francisco : Berrett–Koehler.

47. Schein, E. (2017) . Organizational culture and leadership. Hoboken, NJ : Wiley & Sons.

48. Schein, E. and Schein, P. (2018) . Humble Leadership. San Francisco : Berrett–Koehler.

49. Schwartz, J., Gaito, P. and Lennik, D. (2011) . That's the way we used to do things around here. Strategy & Business, 62. Accessed 9/5/2018. https : //www.strategy–business.com/article/11109? gko=642d6.

50. Skinner, B.F. (1953) . Science and human behavior. New York : Macmillan.

51. Snowden, D. (2002) Complex acts of knowing—paradox and descriptive self–awareness. Harvard Business Review. July. Accessed 10/23/2015. http : //www.academia.edu/522167/Complex_acts_of_knowing_paradox_and_descriptive_self–wareness.

52. Snowden, D. and Boone, M. (2007) . A leader's framework for decision making. Harvard Business Review. November 2007. Accessed 10/27/2015. http : //aacu- secure.nisgroup.com/meetings/ild/documents/Symonette.MakeAssessmentWork.ALeadersFrame work.pdf.

53. Stacey, R.D. (1996) . Complexity and creativity in organizations. San Francisco : Barrett–Kohler.

54. Stacey, R.D. (2007) . Strategic management and organisational dynamics. Harlow : Financial Times Prentice Hall.

55. Stacey, R.D., Griffin, D. and Shaw, P. (2002) . Complexity and Management : Fad

or Radical. Challenge to Systems Thinking? NY：Routledge.

56. Stephens，G.J.，Silbert，L.J. and Hasson，U.（2010）. Speaker–listener neural coupling underlies successful communication. PNAS. Accessed 9/17/2018. https：//www.ncbi.nlm.nih.gov/pmc/articles/PMC2922522/ .

57. Strebel，P.（1996）. Why do employees resist change? Harvard Business Review，May/June. 74（3）：86– 92.

58. Tajfel，H. and Turner，J.C.（1986）. The social identity theory of intergroup theory. In：Worchel，S. and Austin，W.G.（Eds）Psychology of intergroup relations，（2nd ed.）. Chicago：Nelson Hall，7–24.

59. Trevino，J.A.（Ed.）（2003）. Goffman's legacy. Lanham，MD：Rowan & Littlefield.

60. Uhl–Bien，G. and Ospina，S.（Eds）.（2012）. Advancing relational leadership research：A dialogue among perspectives. NC：Information Age Publishing.

61. Waldrop，M.M.（1992）. Complexity：The emerging science at the edge of chaos. New York：Simon and Schuster.

62. Watson，G.，Bishop，J.，Scott，D. and Turnbeaugh，T.（2005）. Dimensions of interpersonal relationships and safety in the steel industry. Journal of Business and Psychology，19（3）：303–318.

63. Weick，K.（1995）. Sensemaking in organizations. Thousand Oaks，CA：Sage Publications.

64. Weick，K.（2009）. Making sense of the organization. MA：Blackwell.

65. Weick，K. and Roberts，K.H.（1993）. Collective mind in organizations：Heedful interrelating on flight deck. Administrative Science Quarterly，38：357–381.

66. Weick，K. and Sutcliff，K.（2001）. Managing the unexpected. San Francisco，CA：Jossey Bass.

67. Wheatley，M.J.（1992）. Leadership and the new science. San Francisco：Berrett–Koehler.

第3章

关系型领导力八大信念与原则

1. 真正的沟通发生在人际关系与信任并存的情况下。
2. 包容是责任担当的前提。
3. 创新、韧性、包容与责任担当相互依存。
4. 人们具备为所在组织作出贡献的能力与意愿。
5. 如果符合自身利益，人们会主动直言制止不安全状况。
6. “偏离”是适应性人类行为的积极特质。
7. 先入之见和偏见会妨碍我们发现所见所闻中的真相。
8. 人际关系会影响情绪、感受和信念，进而影响决定。

基于阿吉里斯的推理阶梯理论，我提出了这样一个观点：通过帮助领导者采纳高安全绩效组织创建者的信念，我们能够提升安全绩效。我想要传递的关键信念之一，源自我早年在加州大学洛杉矶分校的教师培训经历——我们对学生的期待会相应提升或降低他们的表现。我们对人的信念指导我们如何对待他们，而我们对待他们的方式使他们表现更好或者更差。教师或促进者是非常有影响力的角色，团队领导者、管理者或主管也是如此。

多年来，我观察过许多致力于提升安全绩效的领导者。根据他们的行为及后续的对话，我总结出他们对于人性以及如何归因人的行为动机的八种信念。我想到，我们可以把这些信念分享给现任和未来的领导者，让他们加以检验并采纳那些对他们有用的信念。我深知这并非易事——我曾亲历过改变与我自身有关人的信念之艰难，也常自问："人们真能改变根深蒂固的信念吗？"

在我努力改变自身信念的同时，我多次受聘去改变员工行为。我认识到：除了自己，我们无法改变任何人，或许根本没有人会真正改变。几世纪前，哲学家们就提出，我们所展现的只是自身之前未曾显露的一面。我们内心都承载着不会自行显现的潜能，直到我们运用它。相信人们具备为所在组织作出贡献的能力与意愿的领导者，有能力释放员工接纳新信念的潜能。这些信念本身不足以改变一个组织，但它们是领导者必须从自身开始的起点。

这八项信念具有相互依存性，它们共同作用于组织或团队内部人际关系的构建，既促进协作精神，也鼓励成员提出非常规想法或表达不同意见的意愿。同时，这些信念指导领导者如何通过维护人际关系的方式进行沟通、探寻事实真相并作出决定。

3.1 信念 #1：真正的沟通发生在人际关系与信任并存的情况下

安全绩效水平与信任及开放式沟通的水平呈正相关（Carrillo and Simon，1995；Smidts et al.，2001；Watson et al.，2005；Luria，2010）。研究同时表明，员工参与程度会随着与其直接主管的人际关系强度提升而增长。这使得主管处于组织运作的核心枢纽，但他们无法独自完成这一切。中高层管理者必须通过社交互动与主管建立人际关系。其挑战在于，许多管理者（甚至主管自身）都声称他们缺乏进行一对一沟通的时间。然而，大量承担相同职责的领导者却能有效安排此类沟通，可见时间并不是真正的问题所在。真正的挑战在于认知层面——是否相信社交互动和个体包容能使工作推进更高效。

若想留住顶尖人才、在讨论中引入新思路，或鼓励员工主动直言制止不安全行为，首先要构建能降低排斥或拒绝威胁的安全网。我们的领导者需要学习并传授建立包容性关系的技能，因为促进这种关系并树立榜样是领导者的责任。

对大多数人而言，提出他人尚未察觉或不愿谈论的问题或想法存在风险。人们所畏惧的打击报复并非总是解雇或人身攻击这类明显行为，它可能微妙到某种无意识的担忧——担心在自己珍视的群体中失去可信度或成员资格。事实是：除非领导者明确允许提出潜在问题（即便在规划后期阶段），否则可能引发同事的不满。此外，人们不会接受来自关系之外者的反馈或纠正信息，这意味着需要预先建立基于可信度、信任与尊重的关系。即便是正式职权也无法确保有效联结——我曾目睹总经理要求员工勿用手机，但员工在其转身后立即掏出了手机。

缺乏信任时，几乎不可能及时且准确地获取信息——尤其是当有人犯错或可能导致失败时。许多管理者对团队的真实信任水平存在认知偏差。最近一位客户告诉我，其管理层团队全体成员对某项举措达成高度共识，且团队成员间存在高度信任。我们通过匿名调研作为热身活动测试团队信任与开放式沟通水平，结果发现其信任度仅为中低水平。受访者反馈的原因之一，低分或许是源于总是委派同一批人执行高挑战性项目——“我们总是倾向于选择并听取相同人员的意见。”

提升组织安全所需的信息就在我们身边，但我们可能需要突破常规渠道才能获取。人们可能因认为管理层事务繁忙或不愿听取而选择沉默。此刻，他们或许正在私下讨论那些终将会损害公司声誉的运转不良流程——这类对话通常发生在少数人的非正式交流中，并因不符合政治正确的主叙事而被隐藏。若领导者不系统性地主动探寻并展现回应意愿，这些信息将永远处于隐蔽状态。

以下故事完美例证了我所阐述的观点。

克莱尔·诺尔斯曾负责杜邦公司布法罗工厂的安全、健康与环境管理，以及人力资源与劳动关系事务。该工厂拥有800名正式员工，高峰期同时在场承包商人员达1200人。当我问及对她影响最深远的导师时，她表示是其职业生涯中遇到的最佳管理者。这位管理者作风稳健、重视员工价值，成功扭转了一个业绩低迷濒临关停的组织。

在一家由两大巨头公司合资的企业中，克莱尔所在公司耗资数亿美元建造了一座大型工厂，却始终无法维持运营。此前已更换过三四任负责人，直至她的上司被聘用。这位上司花了六周时间与员工交流，甚至夜宿控制室。他询问员工："你们面临的首要问题是什么？如果解决它，那么意味着什么？"随后召集全体管理层开会，坦言从作业人员那里得知：当前化工流程全凭经验摸索——控制室屏幕失灵等问题丛生。他对管理者下令："今晚问题不解决，谁也不准离开。"管理者们连续两周每天工作至深夜，逐个击破问题。尽管仍有部分待修复项，但三个月内工厂实现稳定运行并延续至今。这座多年停摆的工厂得以重启，关键在于他共情理解作业人员的实际困境，通过亲临现场观察、倾听和学习展现关怀。克莱尔从中领悟：必须重视员工、倾听诉求、明确优先级并贯彻到底。

有人可能将这些对话贬为"个人私心或牢骚"。这种态度将导致永远无法建立员工主动提供预防性信息的环境。无论我们是否愿意接受，有些问题永远不会被公开讨论，因此我们必须主动溯源，并创造安全空间来探讨失效环节。

3.2 信念 #2：包容是责任担当的前提

包容性环境可以驱散恐惧，排斥性环境则会带来沉默和疏离。在恐惧驱动的组织中，人们觉得自己无关紧要——觉得自己与需要完成的重要工作毫无关系，这样的组织根本无法形成责任担当。如果一个人不认为自己是解决方案的重要组成部分，他/她怎会有动力承担责任、超越最低要求或贡献创造力呢？那么，人们如何知道自己在工作中的重要性呢？当他们被纳入决策过程，当他们的意见被主动征询且工作受到尊重时，他们便能知晓。当他们感受到自己属于受信任的圈层时，他们便能知晓。这些就是包容的证明。

预防性活动（如专注作业、执行流程、分享信息、预先规划、管控风险）能否有效落实，核心在于个体在无人监督或者无人指示时执行这些活动的意愿。管理者常表示，若员工能主动直言制止不安全行为，这一难题就能迎刃而解；这样事故就会减少，甚至可能杜绝。言外之意是，如果人们具备个人责任感，他们就会主动直言。

若缺乏心理安全感，就不会有人主动直言。缺乏心理安全感，遭到否定的风险就很大（Edmonson，1999）。当人们没有感觉到被了解或接受时，就不会主动直言（Argyris，1982；Gino，2016）。对嘲笑或排斥的恐惧程度，与彼此的了解深度成反比——你对他人的了解越深、他人对你的了解越深，恐惧感就越低。

若要充分说明包容性对安全计划中员工参与和责任感的重要性，我将引用同事马克·伊达尔戈（Mark Hidalgo）的案例——他曾在美孚及埃克森美孚担任工会主席长达15年。该炼油厂安全状况极差。当马克被要求支持一项员工安全参与计划时，他视其为改善安全水平的契机并热情投入。由于工会与管理层长期对立，推进过程困难重重。以下是他的故事。

> 我们的炼油厂厂长汤姆·莫勒（Tom Moeller）对安全作出了承诺。当他说“我宁愿关闭这座炼油厂，也不会让你们在不安全的环境下工作”时，没人相信他。但他兑现了承诺——投入资金、调配人力资源，并让我全职负责安全工作长达2年。汤姆会亲自到现场巡查，对厂区内的任何隐患立即提出整改要求。他常与我共同巡检，凡汤姆要求整改的问题必能落实。主管们再也不敢要求员工冒险作业，因为他们深知汤姆会解雇违规者。

我的建议是：若不愿投入资金解决问题，就别启动任何计划。当我开始支持员工安全参与计划时，起初人们只是嘲笑我。我们的首要行动之一是打印所有未解决的安全隐患和工单，结果生成的计算机清单厚达两英寸。我们通过设立管理员计划应对问题——每个区域的员工推选一名管理员。管理员与主管每月会同总操作长召开安全会议，共同梳理问题优先级并清空历史问题清单。

领导并不仅是管理，而是领导者与追随者双方的事情。唯有先证明你们将共同协作，才能赢得他人信任。当管理层集体示范并解释为何必须穿戴防护装备时，员工便会明白你们是认真的。

这非常艰难。你可能做对九件事但有一件出错，人们记住的就是那个错误——百密一疏的失误最易被铭记。我们始终坚持与员工交谈、倾听并解决他们担忧的问题，这正是我们成功的原因。全心投入决定一切。

马克·伊达尔戈怀有愿景，在炼油厂厂长的支持下，他向同僚传递了“每个人都能带来改变”的信念。当我们要求人们作出承诺并自我担责时，他们需要知道“为什么”。当答案能阐明其行动如何促进运营成功，并确保其获得成功所需的支持时，责任感便会自然涌现。对变革的抗拒往往表现为所有权意识和责任担当意识的缺失，而高效倾听者能激发责任担当——通过引导提问揭示阻碍变革接受的疑虑、模糊认知与误解。

3.3 信念 #3：创新、韧性、包容和责任担当相互依存

为何包容、责任担当、韧性及创新相辅相成？谷歌团队发展研究揭示了包容与心理安全如何催生创新：其研究发现，高绩效团队的首要特征是不存在嘲弄行为，这使得成员能自由表达任何想法。

每个组织都必须承担一定风险才能实现创新，而承担风险有时会导致

失败，因此需要以韧性重新尝试。此处讨论的并非物理性风险，而是心理性风险。我们常强调作业人员有拒绝危险工作的权利，法律也禁止企业置作业人员于风险中。然而，对于最常要求人们承担的心理风险——如对失误主动直言、上报未遂事件、提出可能暴露自身知识短板的问题、贡献可能被否决的创意——却鲜少被讨论。

尽管我们怀有这些期许，却往往无意识地通过我们自身的反应发出阻止人们承担这类心理性风险的信号。这种信号就是排斥——它可能以微妙且无意的方式呈现。例如：

> 当时我正在参加一个会议，事先得到承诺给我 20 分钟来介绍我负责的项目部分，之后再进行讨论。时间所剩无几，眼看我就没有足够的时间来做项目介绍了。我考虑过发声提醒，但鉴于之前我已特别强调过需要这 20 分钟，项目负责人也认同这很重要。可现在他为何置之不理？最后我只有 3 分钟来介绍，而且我觉得如果现场负责人没听到关键信息，那也不是我的责任。项目负责人对我说："别担心，都在报告里了。"没错，可这样一来管理团队就不会知道这是我的贡献了。后来项目负责人让我再准备一份报告，我只花了之前一半的精力，因为我知道所提供的内容并不被重视。

这个故事表明，创新同样与包容和责任担当相互依存。该团队错失了未来可能催生创新的想法。若团队领导者发现有成员在努力上有所保留，他可能会认为这是个人责任担当意识缺失，即认为若真有问题，他 / 她理应会主动直言。而团队成员并不这么认为，主动直言存在巨大的心理性风险。因此，如果你尝试过一次主动直言而没有任何结果，那么，你还会再尝试吗？

包容可以孕育韧性。当我们不惧怕被排斥时，更有可能从错误中恢复，更倾向于提问而非掩盖无知。当我们感到心理安全时，韧性更强，因此愿意不断尝试新方法达成目标。所有这些都培养出了责任担当意识——因为我们有动力致力于已认同的目标，并希望保持作为团队成员的资格。

排斥违背了人类最基本的归属感需求。身处高度不确定、竞争激烈且存在物理性危险环境中的领导者，绝不能触犯这一原则。无论种族或性别，与你共事的人都希望被关注和倾听。他们需要知道自己的所见所闻对你是否重要。若他们感知到答案是否定的，便会停止信任你——信任纽带断裂意味着信息共享终止。此时，你将面临失去关键情报的风险，这些情报本可预防重大失误或引发创新突破。

信念 3 体现了复杂适应系统思维的影响力。当组织心理学家开始研究复杂性科学在组织管理中的应用时，他们发现了自然界的适应和变化方式（为求生存而演化）与成功组织的运行模式之间存在富有启发性的类比。玛格丽特·惠特利（Margaret Wheatley）指出，AES 公司是最能体现这些自然适应过程的组织之一。

AES 公司是一家电力企业，在遵循与复杂性科学原则（Wheatley，1997）惊人相似的管理哲学下，十年间从 100 万美元投资规模增长至超 80 亿美元。正如联合创始人丹尼斯·巴克（Dennis Bakke）在其著作《工作乐在其中》（*Joy at Work*）（Bakke，2005）所述，AES 自创立之初就致力于消除公司内所有正式审批机制，让团队在招聘、休假审批到预算决策等各层面自主决策。他打造了一个“领导者更多是决策教练而非决策者”的环境，并大力倡导构建人际关系而非制定规章制度。

在巴克的领导下，公司未设安全部门或人力资源部门。他主张团队需对工作区域的所有事务全权负责。他认为专业职能部门不了解实际运营，而运营团队又缺乏财务与战略规划能力。通过取消“专业职能部门”，公司组建了真正关注整体运营的跨职能团队。巴克任职期间，AES 的安全绩效优于行业平均水平（Manz & Sims，2001）。

巴克还通过员工调查强化人际关系的促进方法。他亲自阅读并回复每半年一次的员工感知调查中收到的所有评论。起初，仅需 1 小时即可读完所有评论；后来，由于其积极回应激发了员工参与热情，需耗时约 5 个月才能处理完所有的评论。

最具争议的做法或许是员工的支出权限设定。巴克取消了支出上限，代之以“建议流程”。每位决策者（负责评估某项创意或计划投资的人员）必须咨询经验丰富的同事及高层，直至其决策与团队、工厂及公司需求达成一致。公司内有知名案例：员工通过信用卡以远低于供应商报价的成本采购设备，节省了数千美元；也有员工误购数千美元错误零件却未受处罚。这些故事有力强化了员工的归属感与责任感。

1999 年《哈佛商业评论》上的一篇文章《组织赋能：对丹尼斯·巴克和罗杰·桑特的访谈》（*Organizing for Empowerment*：*An interview with Dennis Bakke and Roger Sant*）（Wetlaufer，1999）提出了一个问题，即他们如何处理错误。两人都认为，若当事人主动为错误承担责任，那么就不需要惩罚。他们还明确表示，如果第二次或第三次再犯，就会采取行动。他们进一步指出，立即承认错误的优势在于能更快找到创新解决方案——无须浪费时间追究责任。

该体系一直运作良好，直到 2008 年金融危机终结了 AES 的这场管理实验。能源股暴跌后，董事会解除了巴克的职务。尽管如此，从 1981 年到 2008 年，AES 已成长为一家 80 亿美元规模的企业，其管理核心是充分赋权与信任——员工无须受困于官僚管控即可自主决策。至少在一个时期内，这个领导团队找到了将利润、工程技术与人际关系法则融合的路径。既然已有成功先例，其他领导者亦有可能复制这种模式。

巴克和桑特为“领导者作为社会架构师”提供了范本。我并非否定安全工程的重要性，而是强调关系型领导力可增强其效能。关注人际关系的核心目标是在速度、财务、技术与员工情感需求之间实现平衡。这远比宣称某个组织目标优先更有力量。

3.4 信念 #4：人们具备为所在组织作出贡献的能力与意愿

若想调动员工积极性并激发更高绩效，首要任务是审视你对员工作出贡献的意愿与能力所持有的信念。在教师培训期间，我了解到一项实验：教师被告知某随机分组的学生具有天才智商，这些学生的整体表现往往优于被标记为“普通”的学生。所有学生接受相同的课程与资料，唯一变量是教师对其学习能力所持有的信念。这让我意识到，我们会无意识中根据对他人能力的预判采取差别化对待。

一项验证信念 4 有效性的实验于 20 世纪 60 年代初在俄亥俄州利马市的宝洁工厂展开。公司对员工提出挑战并培训员工掌握工作流程，结果远超预期。管理团队首先确立核心信念与原则，逐步发展为宝洁战略，并作为机密严格保密 40 年。如今该模式已被众多制造企业购买并效仿。

这一切始于埃里克·特里斯特（Eric Trist）1947 年在英国煤矿的研究。当时多数煤矿采用流水线作业，但该矿因煤层分布特殊成为例外。矿工自主开发了一套系统：团队协作、轮换任务、自我组织。他们甚至自行销售煤炭，并在矿工伤亡时照顾其家属。该矿安全性、产量均远超同行。此外，因薪酬与每周期产煤量挂钩，矿工有持续改进流程的动力。

特里斯特与其密切合作的同事弗雷德·埃默里为其研究工作创造了多个术语：“工业民主”“开放系统”及“社会技术系统”等。他们将企业视为与自然界具有相同平衡机制的生态系统，认为随着商业环境日益动荡，自上而下的层级管理将失效。基于实验煤矿的成功，特里斯特希望在其他煤矿推广该模式以验证其增效能力，但管理者们拒绝配合——尽管自主管理已被证明更高效，他们仍坚持加强管控与机械化。

时间推进到 20 世纪 60 年代早期，宝洁公司成为实践开放系统理论的最知名主流企业。在成立 125 年后，宝洁开始发现科学管理模式的弊端。

> 工人们的工作时长被严格计量（甚至精确到 0.01 分钟），用以对照操作手册中规定的标准耗时——包括爬梯子、走向储罐或读取仪表等动作。维系这套庞杂的规则体系既耗费大量管理资源又引发普遍抵触情绪，最终在制造部门管理层中逐渐形成了一股静默的改革力量。
>
> （Kleiner，2008，p. 68）

宝洁公司聘请道格拉斯·麦格雷戈和其他顾问来提高公司某家制造工厂的生产力。他们的方法基于麦格雷戈的激励力量——Y 理论和 X 理论。麦格雷戈认为存在两种信念体系可用于理解人与工作的关系。在 X 理论中，人们倾向于被指挥，并将工作保障视为高于其他所有需求的优先考量。因此，金钱与惩罚恐惧是主要的激励因素。在这种情况下，管理者的核心职责就是严格控制工作。麦格雷戈观察到，在 X 理论下，信任很快就会瓦解，生产力也会下降。

麦格雷戈同时提出了对应的理论模型：Y 理论。在这种理论中，人们并非对公司需求怀有敌意，而是愿意与公司合作以实现互利共赢。人们被视为能够自律且富有创造力的合作伙伴，因此日常监督力度极低。他发现 Y 理论在俄亥俄州利马市的宝洁工厂取得了成功。

利马工厂最终成为全公司生产效率最高、最具成本效益的工厂。宝洁公司员工查尔斯·克罗内设计了一套突破性架构：取消固定团队领导，所有成员轮值担任领导职务，使每个人对整体运营产生责任感。该厂的运作效能之高，甚至让利马工厂的员工向总部隐瞒真实产量数据——他们担心超常业绩会被误判为数据造假。

宝洁公司始终对该方法体系严格保密，但可能并无必要，因为当这些方法被所有人掌握后，无论是宝洁内部还是其他企业的管理人员，都鲜有愿意采用这一流程。

管理者拒绝配合的原因之一，是每位员工需每周接受 4 小时培训并参加 1.5 小时团队会议——这些机制使他们具备问题解决能力，并实现知识信息传递。当新任管理者取消培训与会议后，效能急剧下降，团队最终无法正常运作。由于缺乏时间以磨炼人际关系技能、建立共同目标、开展信任与开放式沟通，这套体系最终崩溃。

观察发现，接受过该体系培训的宝洁员工具有极强的所有权意识，使得企业文化放弃这些原则后，这一所有权意识仍能持续相当长一段时间。

利马工厂的故事与我在安全领域观察到的现象产生共鸣。一位领导者通过某种方法取得了成功，但当企业试图将该方法推广到其他工厂时，并非所有管理者都愿意投入同等时间和精力。其根本原因在于，对员工贡献具有增值性的信念缺失。财务人员将培训和会议时间视为停工时间，而非关注这些活动带来的积极成果。

我曾在一家实施宝洁管理体系的工厂参加过新员工入职培训。我见证了员工和管理者对信念 4 的积极接纳。他们纷纷表示，能在重视自身贡献能力的工作场所就职是多么令人振奋。我也深刻认识到，管理层每日践行这些准则的重要性——一旦原则被违反且未及时纠正，信任便荡然无存。例如，若员工提醒主管佩戴个人防护装备，主管需致谢，此举使员工也能无惧报复地提醒同事。

所有围绕质量与运营的管理体系仍然重要，但在这一环境中的执行效果更佳。这里存在的所有权与责任担当意识，在那些缺乏这些信念的工厂中并不存在。

3.5 信念 #5：如果符合自身利益，人们会主动直言制止不安全状况

主动直言是有风险的。当你提出问题、担忧、难题或者指出出错的事情时，风险在于你会被视为消极、无能或爱捣乱——面临被贴负面标签的风险。当收益大于风险时，人们才会愿意承担风险。当领导者已表现出他们不会倾听或回应，有时还会报复时，主动直言便不符合我们的自身利益。一项医疗行业研究揭示，在 4200 名护士中，58% 的人觉得主动直言不安全，或者无法让他人倾听，且每月数次遭遇此类困境。因此，仅不到三分之一的护士曾向医生表达过医疗差错的担忧。该研究始于 2005 年，2011 年的调查发现，即便已优化流程并赋能护士主动直言，但现状仍未改善。为何护士主动直言如此困难？超过半数的护士表示，他们最大的顾虑在于不被尊重。少数成功主动直言的护士主动建立人际关系，并学会了以

能被倾听的方式进行沟通。值得注意的是，承担起这一职责的是护士，而不是医生或管理层。

正如护士对指出医生错误心存顾虑一样，员工也觉得指出管理层的不足可能会招致风险。尽管存在防止工作场所报复的法律保护，但这些法律涵盖的情形极少，而且必须达到很高的举证标准。法律无法有效解决排斥问题的典型案例是职场性骚扰立法。一位安全专家对此发表了自己的看法：

> 我刚和一大群铁匠工人共度一周时光。几乎所有人都能指出哪些行为属于不安全行为，但没有一个人表示他们会主动直言指出来，或者曾经指出来过，因为他们害怕被排斥和被解雇。就像其中一人说的那样："当你是一个独自抚养孩子的单亲家长时，你得权衡利弊，对大多数人来说，为孩子提供生活保障的愿望是决定性因素。"
>
> （Carrillo，2018 年，私人信函）

排斥问题的体现可能比性骚扰更隐晦，但其危害程度却不相上下。排斥的表现形式包括未被邀请参加重要会议或获取关键信息、获得更少的个人发展机会或有趣的工作任务、未被纳入社交活动等。尽管这些行为与被解雇或降职相比，看似微不足道，但神经科学研究表明，它们会引发同等程度的心理威胁感知。

另外，大多数专业人士将主动直言视为职业责任，正如这位安全专业女士所解释的那样：

> 没错！我的天，搞清楚如何主动直言实在是太累了。我之前那份工作，每天光是绞尽脑汁就让我精疲力竭。我感觉自己整天都在下棋，就为了能和别人平起平坐。
>
> 即便如今身处一家人员构成十分多元、性别比例近乎均衡的公司，但这些细微的偏见仍会显现，比如被排除在决策会议之外，

或者在商务接待时不得不作自我介绍。有时你会觉得自己仿佛不存在，为了在桌前争得一席之地，这种持续不断的抗争真是令人疲惫不堪。

（Carrillo，2018 年，私人信函）

人人都希望员工有意愿制止不安全行为并对安全承担责任，但鲜少有人明白，若缺乏牢固的人际关系，这一点就不可能实现。如果管理人员不投入时间进行恰当的对话，员工就无法建立必要的信任关系，也就无法制止不安全行为，也难以提供预防下次事故所需的信息。

3.5.1 政策无法确保主动直言是安全的

众所周知，政策改变不了行为，但企业仍耗费大量精力推敲措辞，期望借此转变态度与行为。人们认为，通过召集同行提供意见并共同制定政策，就能获得更广泛的支持。这些步骤固然重要，但政策背后的意图在落实中受阻。我认为这可以追溯到复杂适应系统的原理：环境与意义始终处于动态变化中。

一个我深表敬意的组织——美国核监管委员会（NRC）——便是绝佳例证。NRC 极力强调领导层在构建核安全文化中的重要性，并制定多项政策和计划以保障个人提出核安全问题的权利。

我之所以选择“不同专业意见”（Differing Professional Opinions，DPO）政策，是因为它与创建主动直言的心理安全感环境这一主题高度契合。该政策旨在支持不同意见的自由表达，并维系信任（指令 10.159）。DPO 政策的具体目标包括：

· 确保所有员工有机会：（a）以善意表达不同专业意见；（b）让自己的观点被 NRC 管理层倾听和考虑；（c）在整个过程中随时获知各关键节点进展的完整信息。

· 保护员工因表达不同意见免遭任何形式的报复。

· 当员工的不同专业意见对组织的使命有重大贡献时，给予意见提供者表彰。

· 建立全组织范围的监督与跟踪机制，确保政策实施达成既定目标，并在必要时提出调整建议。

尽管有如此明确的政策指引，但由于核电行业的公众关注度极高，我们仍常看到有人主动直言却自感未被倾听或遭受报复的案例。这恰印证了行政手段的局限性——政策虽能帮助我们聚焦目标，却无法真正推动改变。

不过，美国仍存在员工切实感受到话语权的核电站。由于所有核电站均适用同一政策，我观察到差异根源在于管理者的个人信念体系。当领导者认真倾听并传递出对意见的重视时，意见分歧升级为公开争议的概率将显著降低；但若领导者视其为价值观冲突，这一政策便难以奏效。正因如此，信念与认知假设必须成为领导力培养的核心要素。同事间的坦诚对话能推动安全事务中思维模式从管控向信任的转变。

3.5.2 如何才能有效激发人们主动直言呢?

一位主管在作了关于“倾听与采取行动的力量”的演讲后，向我分享了一个故事：

> 我手下一名员工多次反映工具铲数量不足，但我总因事务繁忙无暇处理。结果员工们举行了罢工。我不得不顶替多个岗位，结果自己急需用铲子时，花了两个小时才找到一把。这让我深刻意识到：必须倾听员工诉求，并确保他们拥有开展工作所需的工具。

倾听本身就是一种认可，更是强大的激励因素，但奇怪的是总有人认为用“披萨”和“甜甜圈”就能替代它。有趣的是，当员工并不因这些零食受激励时，他们反而会纠结为何某些团队有零食而其他团队没有。因此，提供零食或许无法激励员工，但不提供却会引发不公平的指控。启示何在？通过赋权让员工自主决策，并对其意见给予响应，才是激励员工并改善沟通的两大有效方式。

专注的倾听传递出对员工专业知识的尊重，或至少表明其对你而言很重要。试想班组长与团队的关系：他们终日忙于处理行政事务、在下班前发送邮件，还是深入现场与员工交流？在某些工作场所，管理者现身现场反而引发员工警觉——因其过往互动方式，“这回又出什么问题了？”已成典型反应。员工因管理者出现感到威胁而非安心。但当管理者真正展现对员工的关注时，这种感知便能扭转，从而打开沟通渠道。

若践行得当，非凡成果自会显现。多数身处管理职位者尚未意识到自身蕴藏的社交影响力。而他们的职位已赋予其通过倾听、认可员工价值、协助获取所需资源来推动实质性改变的契机。

3.6 信念 #6：“偏离”是适应性人类行为的积极特质

“偏离”（drift）被定义为“本地实践与书面程序逐渐脱离的过程”，其发生通常基于当时的现实合理性（Snook，2000，p.225）。该概念被用于解释切尔诺贝利核事故、挑战者号与哥伦比亚号航天飞机灾难的深层诱因（Dekker，2011；Weick & Sutcliffe，2007）。这类偏离行为在日常工作中随处可见——例如，员工跳过操作步骤或直接省略某些流程。尽管这些行为明显违反安全规程，但偏离被视为人类适应性的正常行为。因此，偏离无法被杜绝，只能加以管控。

既然偏离必然存在，与其将其视为待解难题，不如视作学习契机。我们本可将偏离理解为人类在严酷环境中赖以生存的不可或缺的适应性行为，但因其有时会导致失败，所以这种认知转变实属不易。

这种困难还源于一种现实矛盾：当某项规程已被执行，若仍需持续讨论修改它的可能性，极易引发挫败感。每当听到有人说“规程明明清晰无比，真不懂为何总有人说不清楚！”时，我总会报以会心一笑——这种质疑暗含“反复澄清必有隐藏性动机”的预设。但更合理的解释是：决策后的持续对话引入了新视角与新思路，导致原本清晰的答案不再绝对。正因如此，偏离被视为复杂适应系统的自然结果。

当偏离催生出成功创新时，其被视为学习成果或适应性行为。最佳学习与适应往往发生在能够建立允许尝试与失败的合作关系的群体中（Carmeli et al.，2009）。这绝非个人能独立完成的过程，因为需要整合多方智慧以确定改进方向与方法。若能建立开放、持续且非指责性的偏离讨论机制，将有助于早期暴露潜在风险。

我们在安全管理中陷入两难困境。偏离可被视为一种有意识或无意识的尝试行为。由于这些行为大多未被察觉，我们往往只能在事故发生后才能知晓。这使我们错失了从成功偏离中学习的机会。对犯错的恐惧阻碍了创新步伐——这种恐惧合情合理，毕竟事关人命伤亡。然而，当本应受保护者开始漠视规则，甚至疾呼“这样根本没法干活！”时，依赖官僚制度控制潜在风险的策略终将难以为继。

两家公用事业公司试图通过制定规则遏制偏离行为。一家提出“不可打破的规则”，另一家推出“生存规则”。核心理念是让员工（此处特指工会成员）共同承诺遵守少数绝不可偏离的核心规则，而非穷尽所有安全程序。规则需设定违规后果，因此配套了纪律处分条款。然而首家公司的工会就在首次对违规者实施纪律处分后，直接废弃了“不可打破的规则”。

在另一家公司，尽管尝试取得了更大成效，但仍引发了强烈反对，正如某位参与者所述：

> “生存规则”这一做法需要作为文化问题给予切实关注。在电力传输设施中，该计划产生了积极与消极并存的文化影响。该计划带来的积极且建设性的文化影响在于，它被认为一定程度上强化了在

出现不安全行为或状况时直面同事的规范。该计划的负面影响体现在：(1) 抑制未遂事件上报；(2) 减少一线员工向管理层的信息传递；(3) 加剧不信任氛围。特别是工会员工表示，为避免连带处罚，他们选择不与主管沟通。

我建议组建一个由高层领导支持的跨职能、多层级团队，专门应对非预期的文化后果。但这一步骤从未实施。

（Carrillo，2014 年，私人信函）

管控偏离的负面影响，既是技术问题，也是社会问题。员工的行为都有其内在动因，若要改变其行为，就要解决其需求——改进程序、让资源更易获取、让执行者参与问题解决。另一关键在于人际关系要素——试图通过强制服从和纪律约束来控制员工注定失败。在技术手段缺失时，唯有激发内在遵从意愿方能奏效。领导者通过团队建设、确立共同目标和身份认同感，来激发员工遵循规程的内在动机。这需要通过持续沟通来明确正确的工作方式。直接套用其他厂区“经验教训”制定的新程序往往无效，员工会认为这些程序不适用于自身情况。而持续对话能创造机会，让双方建立相互尊重的关系，并真正理解为何及如何规范操作。

SCM 安全副总裁罗恩·甘特（Ron Gantt）分享了一个成功管理偏离的例子。他向作业团队提出如下五个核心问题：

1.（装置停机）有哪些现成 / 书面的程序？

2. 哪些程序被成功遵循（原因为何）？

3. 哪些程序未被遵循（原因为何）？

4. 遵循 / 未遵循程序带来了什么实际或潜在结果？（有时未遵循程序反而带来改进）

5. 是否需要新增任何程序？

我们基本上就是通过这样的问题来弄清楚发生了什么，本应发生什么（按照程序、规则、规划流程等），然后，当我们发现存在差距时，我们就会讨论这些差距为何存在以及弥补这些差距的最佳方式。例如，在此过程中我们确实发现，其中一个运作良好的环节是：某员工系统性地完成了特定任务的后勤保障工作，并将相关需求清晰传达给团队。在探索如何让其他同事效仿这一做法时，我们意识到需要制定一份专项检查清单，该清单可作为规划与沟通工具（应用于项目经理和工程师每日例行的计划会议中）。实际上，我们确定了一套未来停机检修应遵循的标准程序。

（Ron Gantt，2014 年，私人信函）

在与德凯睿洞察公司（Dekra Insight）的高级副总裁梅莉·林博士交谈时，她提出了人际关系与偏离现象关联的另一维度。她认为，我们需同等关注“与同事沟通逐渐疏离”的偏离现象。若不能持续调整人际关系，小摩擦可能升级为大冲突，或因忽视他人需求而阻断重要信息传递。这种偏离会导致程序更新的沟通缺失，甚至忽视既有程序——我们往往轻视那些缺乏情感联结的同事的关切。一个典型案例是班次间的设备校准问题：某班次将设备调整至“正常状态”后，却发现下次接班时参数全被改动。实施改动的班次明知此举会对其他班次造成负面影响，却仍执意为之。这正是人际关系偏离，出现脱节的例证，也解释了班次交接为何如此关键。

3.7 信念 #7：先入之见和偏见会妨碍我们发现所见所闻中的真相

先入之见是一种在实际经历之前就已形成的态度、信念或印象。偏见就是一种先入之见。先入之见为何会妨碍我们发现真相呢？有人说这是“验证性偏见”（confirmation bias）所致，即用既有信念或理论去解读新的证据的行为。

事故后分析往往表明，那些本可避免不期望事件的信息早已存在，但我们却视而不见或充耳不闻。有时即便看到信息，也会错误解读。我们对他人的先入之见，也会阻碍创建自由表达不同意见的环境——在这样的环境中，人们应感受到被重视与尊重。保持开放心态能极大提升成功概率，因为我们将接触到更多信息源。当人们认为我们已固守己见时，便丧失了建言献策的动力。

接受不同意见或观点可能很困难。我们可能不信任发言者的经验，可能与发言者有过不愉快的经历，或对其提出的方法有负面印象。当面临时间压力时，我们可能自认经验丰富、知识充足，从而忽视反对意见。在复杂情况下，我们永远无法做到百分百确定，因此唯有意识到自身偏见，才能确保不因错误假设而拒绝有效信息。

我曾与某跨国矿业公司的安全专业团队合作，探讨其行为观察计划失效的原因。先入之见的问题在此案例中以特殊形式显现——公司要求员工接受其他工种同事的安全反馈，理由是“旁观者视角能更清晰识别危险”，试图以此消除验证性偏见因素。

这并非是对行为观察计划失效的全面分析，但是就这一案例而言，被观察的员工拒绝接受反馈，因为他们的先入之见是：由于观察者不是来自同一工种。这意味着他们不理解所观察的工作，所以，他们并不能给出相关的反馈。

事实证明，被观察员工并不了解观察者的背景，也无从知晓其知识储备。经过讨论，安全专业人员意识到，若没有开展充分对话建立观察者与被观察者之间的共同目标和相互尊重，观察者就不应该被派出去执行此项工作。

既然人性使然无法消除先入之见，我们应创造机会让人们相互了解并设定共同目标。这有助于更准确地认知他人的意图与知识，既能避免沟通破裂，也能保留向外部群体学习的机会。此外，领导力培养需包含对先入之见倾向的认知，以及开放性思维的价值认知。

3.8 信念 #8：人际关系会影响情绪、感受和信念，进而影响决定

神经科学研究表明，情绪对决策的影响最为显著。由于人际关系会影响一个人的情绪，所以我们的行为举止会受到与他人关系的影响（Schwartz et al.，2011；Cozolino，2014）。

神经科学家安东尼奥·达马西奥（Antonio Damasio，1999）通过脑科学研究发现，无法感知情绪的人无法作出决定。他的结论是：情绪产生的感受能促使我们有意识地审视处境，并制定应对挑战的行动方案。大卫·洛克（David Rock，2009）研究表明，情绪对决策影响最为显著，而感受能让我们超越本能反应。丹·西格尔（Dan Siegel，1999；2010）提出，情绪是连接身体与大脑、连接群体成员（甚至跨代际）的纽带。

若管理者未能以身作则彰显安全核心价值观，同时，若员工缺乏安全责任感，那么威胁、惩戒、工具或检查表均无法奏效——因为这些都是有关情绪与关系的议题。

在获得认同感方面，变革的理性论证无法替代情绪共鸣。归根结底，这取决于与你希望影响的对象建立人际关系。当我们满足人们的情绪需求并关注其感受时，沟通之门就此打开；而威胁手段只会关闭这扇门。

情绪与人际关系深刻影响日常工作方式——因为我们在意重要之人的看法与期待。盖洛普员工参与度调查包含“你在工作中是否有朋友”“上司是否关心你”等问题，若答案为否，往往意味着参与度缺失。以下案例将证明：若未能传递关怀，安全举措将失去支持。

某制药公司实验室技术员因处理易燃剂泄漏时操作不当，在实验室中严重烧伤。事故发生后，实验室主任召集全员会议分析事故根源，重申化学品泄漏的正确处理流程，并最后强调“已损失大量工时，大家应重新集中精力投入工作”。

次周，安全委员会全体成员辞职，称“主任根本不关心员工”。安全委员会主席（化学家）表示：“全厂都在议论，他只在乎赶进度。”而事实上，这位品德高尚的主任花费大量时间照料受伤技术员及其家属，只是未在公开沟通中表露个人关切。

该案例中，实验室主任难以接受指导。他固守“员工理应知我用心，他们都很聪明”的信念。尽管技术能力出众，却不愿接受其他现实视角以提升沟通技巧。

人们存在自动过滤机制，会基于自身经验解读他人言语（Argyris and Schon，1974）。有效沟通需精准措辞并时刻关注对方理解方式。当出现失误时，情绪会被触发。关键要识别这种情绪波动，及时调整表达方式并在适当时致歉，如此方能维持信任水平。

从信念到行动的实践练习

我们的信念造就我们的思想，思想又转化为行动。行动造就了我们所经历的结果。若持续获得不理想的结果，我们必须重新审视对现实的信念并修正它们。现有多种方法可帮助领导者检视个人信念，通过调整信念实现不同结果。

本练习的目的并非强行改变任何人的信念（尽管可能产生此效果），而更倾向于为现状提供新的解释视角。具体而言，若希望员工行为发生改变，我们需首先反思自身期望与行为中需要调整的部分。

我运用此方法与管理者和安全专家共同探索基础性信念，例如：“为何你认为员工不愿佩戴个人防护装备？”该实践达成双重效果：它既能让人摆脱指责或归咎于不良意图，又为采取积极有效的措施铺平道路。

请尝试自我提出如下问题：

1. 你希望改变哪些现状？

2. 关于这一现状存在的原因，你所持有的信念是什么？

3. 支撑这一信念的证据有哪些？

4. 是否存在其他的信念来解释该现状呢？（重复提问 1~3，直至获得新的关键见解）

5. 一旦获得新认知：就要对该认知进行定义，并思考可能的新解决方案。

6. 我们可以采取哪些行动从而产生不同的结果并改变我们的体验呢？

你可以独立完成此练习，但与同事或团队协作效果更佳。以下是一组主管的实践案例：该团队曾长期困扰于员工不规范使用及维护个人防护装备（PPE）。他们通过结对讨论回答下列问题，最终整合多方观点达成共识：

1. 你希望改变哪些现状？——人们不使用 PPE，且存在设备损毁和丢失现象。

2. 关于这一现状存在的原因，你所持有的信念是什么？——人们认为公司有雄厚资金实力。

3. 支持这一信念的证据有哪些？——公司总能及时补充新 PPE。

4. 是否存在其他的信念来解释该现状呢？——丢失或损坏 PPE 不会受到任何处罚。

5. 支持这一信念的证据有哪些？——PPE 丢失后从未受到处分。

6. 对此你还有其他信念吗？——人们认为 PPE 不重要或者无价值。

7. 支持这一信念的证据有哪些？——人们说："我从未受过伤，即便受伤也不严重。"

8. 对此你还有其他信念吗？——人们的 PPE 被偷窃。

9. 支持这一信念的证据有哪些？——人们不得不把自己的 PPE 藏起来。

10. 新见解：问题原因并非态度问题，而是设备存取困难。

11. 我们可以采取哪些行动从而产生不同的结果并改变我们的体验呢？——安全小组组织了焦点小组讨论，并为员工配备了个人储物柜。他们还升级了防护眼镜，并决定定期召集员工开会以识别潜在危险。

这个解决方案看似基础，但主管们直到质疑自己的假设后，才得以从指责转向同理心。这种转变为他们在问题中的责任承担和资源提供开辟了道路。他们获得洞见后与员工沟通的积极方式，为员工承担个人防护装备保管责任开辟了道路。这个质疑过程揭示了无效的信念，并用有效的信念取而代之。

我总结出了八大指导性信念，这些信念指引着能够激发员工高度投入的领导者行为。它们认为员工的情绪健康与公司资产状况同等重要。它们不仅相信关系创造成果，更认为领导者是人际关系的主要缔造者。

3.9 八大信念：该做的事与不该做的事

表 3.1 仅列出了每个信念对应的“该做的事”与“不该做的事”的部分参考内容。可根据实际经验自行补充，亦可调整信念内涵或扩展其应用维度。

表 3.1　八大信念：该做的事与不该做的事

信念	该做的事	不该做的事
信念 #1：真正的沟通发生在人际关系与信任并存的情况下	停止仅仅依靠纪律和规则强制合规； 让人们感受到意见被听取、被重视； 当你出现错误时主动道歉； 定期与直接下属进行面对面或者电话互动； 经常与直接下属进行一对一对话	当众给予批评性反馈； 停止向人们提供反馈及为人们设定标准； 限制优秀员工谋求更好的工作机会； 打击工作积极性
信念 #2：包容是责任担当的前提	建立 3 日响应机制，及时处理员工建议与诉求； 推行创意落地机制，实施有效建议并公开表扬贡献者； 建立意见征询机制，确保员工建议有效落实并反馈执行成效； 建立下属能力发展机制，辅导并培养直接下属	把团队的工作成果据为己有； 害怕说：“我现在做不了。”（事实上，应该解释“为什么”）
信念 #3：创新、韧性、包容和责任担当相互依存	信守承诺，这体现了关怀； 贯彻到底，这会鼓励人们主动直言，因为他们能看到自己的意见是有分量的； 开展非正式调查以追踪团队信任水平	要求不具备相关技能的员工执行任务； 假设团队成员处于协作状态

续表

信念	该做的事	不该做的事
信念 #4：人们具备为所在组织作出贡献的能力与意愿	员工因安全顾虑叫停工作时，应信任其善意； 及时对安全顾虑给予回应，以便建立你的可信度； 经常说“谢谢”及“你是对的”	将沉默视为完事就绪的信号； 假定他人与你认知一致； 让表现出色的员工承担更多的工作
信念 #5：如果符合自身利益，人们会主动直言制止不安全状况	主动提出团队回避讨论的问题； 在工作场所（车间、厂区等）多露面，表明你关心并理解业务； 探询信息盲区，善用提问穿透表象	隐藏你的悲伤或愤怒（事实上，人们会尊重你的诚实）； 表现出压力和焦虑（事实上，这会降低人的工作效能）
信念 #6：“偏离”是适应性人类行为的积极特质	提供定期讨论“偏离行为”的机会，并追问“为什么”； 保持沟通渠道开放，及时上报新出现的变化与关切； 在持续对话中追踪偏离现象，确保其处于可控状态	指责与惩罚（事实上，这些手段并不能制止偏离行为）； 忽视偏离行为（事实上，它应该得到合理利用）； 期望偏离行为杜绝
信念 #7：先入之见和偏见会妨碍我们发现所见所闻中的真相	相信意见分歧是可以得到解决的； 建立联系并倾听，这会带来实质性改变； 在传达信息或提出请求之前，先建立融洽的人际关系； 给予人们第二次证明自己的机会	破坏信任，或者背后诋毁他人； 根据职位高低差异化对待他人
信念 #8：人际关系会影响情绪、感受和信念，进而影响决定	愿意倾听并调整自身立场； 通过提问与复述确保理解准确； 主动纳入新成员或持不同观点者； 主动关注自身及他人的情绪感受	表现出不耐烦； 在他人向你传达信息时使用电子设备； 在倾听和理解前做出负面判断

参考文献

1. Argyris, C.（1982）. Learning reasoning and action：Individual and organizational. San Francisco：Jossey–Bass.

2. Argyris, C. and Schon, D.（1974）. Theory in practice. Increasing professional effectiveness. San Francisco：Jossey–Bass.

3. Bakke, D.W.（2005）. Joy at Work：A revolutionary approach to fun on the job. Seattle：PVG.

4. Carmeli, A., Brueller, D. and Dutton, J.E.（2009）. Linking high–quality interpersonal relationships, psychological safety and learning behaviors in the workplace. Systems Research

and Behavioral Science, 26 : 81–98.

5. Cozolino, L. (2014) . The neuroscience of human relationships. New York : W.W. Norton & Co.

6. Damasio, A. (1999) . The feeling of what happens : Body and emotion in the making of consciousness. New York and London : Harcourt.

7. Dekker, S. (2011) . Drift into failure : From hunting broken components to understanding complex systems. Farnham, UK : Ashgate.

8. Duhigg, C. (2016) . What Google learned from its quest to build the perfect team. The New York Times. Accessed 8/29/2018. https : //www.nytimes.com/2016/02/28/magazine/what–google–learned–from–its–quest–to–build–the–perfect–team.html.

9. Edmonson, A. (1999) . Psychological safety and learning behavior in work teams. Administrative Science Quarterly. 44 (2) : 350–383. doi : 10.2307/2666999.

10. Gino, F. (2016) . Teams who tell personal stories are more effective. Harvard Business Review. Accessed 9/21/2016. https : //hbr.org/2016/04/teams–who–share–personal–stories–are–more–effective.

11. Kleiner, A. (2008) . The age of heretics : A history of the radical thinkers who reinvented corporate management. San Francisco : Jossey–Bass.

12. Luria, G. (2010) . The social aspects of safety management : Trust and safety climate. Accident, Analysis and Prevention, 42 (4) : 1288–1295.

13. Manz, C.C. and Sims, H.P. Jr. (2001) . The new superleadership : Leading others to lead themselves. San Francisco : Berrett–Koehler.

14. Maxfield, D., Grenny, J., Lavandero, R. and Groah, L. (2011) . The silent treatment : Why safety tools and checklists aren't enough. PSQH. Accessed 9/21/2019. http : //www.psqh.com/analysis/the–silent–treatment–why–safety–tools–and–checklists–arent–enough/#sthash.ALobRgze.dpuf.

15. Rock, D. (2009) . Managing with the brain in mind. Strategy+Business, Issue 56. Accessed 9/21/2016. http : //www.strategy–business.com/article/09306?gko=5df7f.

16. Schwartz, J., Gaito, P. and Lennick, D. (2011) . That's the way we (used to) do things around here. Strategy+Business, Spring, Issue 62. Accessed 11/24/2018. https : //www.strategy– business.com/media/file/sb62_11109.pdf.

17. Siegel, D.J. (1999) . The developing mind : How relationships and the brain interact to shape who we are. NY : Guilford Press.

18. Siegel, D.J. (2010) . The mindful therapist : A clinician's guide to mindsight and neural integration. NY : Norton.

19. Simon, R.A. and Simon, S.I. (1995) . Redesigning the safety function for the year 2000. Professional Safety, 40 (3) : 350–353.

20. Smidts, A., van Riel, C.B.M. and Pruyn, T.H. (2001) . The impact of employee communication and perceived external prestige on organizational identification. Academy of Management Journal, 44 (5) : 1051–1062.

21. Snook, S. (2000) . Friendly fire : The accidental shootdown of US Black Hawks over Northern Iraq. NJ : University of Princeton.

22. Watson, G.W., Scott, D., Bishop, J. and Turnbeaugh, T. (2005) . Dimensions of interpersonal relationships and safety in the steel industry. Journal of Business and Psychology, 19 (3) : 303– 318.

23. Weick, K. and Sutcliffe, K. (2007) . Managing the unexpected. San Francisco : Jossey–Bass.

24. Wetlaufer, S. (1999) . Organizing for empowerment : An interview with AES's Roger Sant and Dennis Bakke. Harvard Business Review. Accessed 8/27/2018. https : //hbr.org/1999/01/organizing–for–empowerment–an–interview–with–aess–roger–sant–and–dennis–bakke.

25. Wheatley, M. J. (1992) . Leadership and the New Science. San Francisco, CA : Barrett–Kohler.

26. Wheatley, M.J. (1997) . Goodbye command and control : Leader to leader. San Francisco : Drucker Foundation and Jossey–Bass.

第 4 章

信任管理：修复、建立及维系

不信任源于恐惧。神经科学研究表明，恐惧会触发威胁反应（threat response），并削弱大脑多项执行功能。当人际关系或组织内部缺乏信任时，人们会专注于防范人身攻击或维护面子。他们的首要关注点不再是组织目标，同时也会降低对环境中潜在安全危险的觉察能力。

在许多邀请我协助提升安全绩效的组织中，信任缺失一直是个突出问题。管理层的担忧在于，低信任度会催生敌对的工作环境，并降低员工对安全计划目标的遵循意愿。支持该观点的研究发现，信任对安全绩效具有正向促进作用（Simon and Simon，1995；Burns et al.，2006；Conchie and Donald，2008；Conchie et al.，2006；Reason，1997；Zohar，2010）。

然而，正如艾德等人所指出的："此类研究中仍有两大关键问题亟待探索：管理者如何展现对安全的承诺？他们激发了追随者何种动机状态？"（Eid et al.，2011，p. 55）。本章旨在回答这些问题。基于与员工及管理者就该主题的多次深度对话，我提炼出六种反复出现的破坏信任的管理行为，并总结领导者重建信任及预防信任破裂的策略，下文将逐一阐述。

我最初修复组织信任的尝试基于对理查德·贝克哈德"对抗会议"（Beckhard，1967）的改良实践。其目标是提升信任水平与开放式沟通，以增强员工在安全事务中的参与度，成效显著。研讨会参与者涵盖各部门员工、主管、管理层及环境健康安全专业人员。

会议流程简明：各小组在不同会议室罗列对方破坏信任与沟通的具体行为。随后各小组需推测对方小组可能指出的他们的问题并形成清单。小时工需猜测管理层认为他们哪些行为损害沟通，管理层则需预测小时工对他们的负面评价。各组汇报后，突出问题经优先级排序，最终组建跨职能小组针对核心问题制定解决方案。

成功的关键要素在于所有人的倾听意愿与承诺践行。在激烈讨论中，参与者会被要求暂停并复述对方观点以确保理解无误。我记忆犹新的一次案例中，工会主席曾愤怒地对区域经理咆哮。当我要求他复述区域经理的观点时，他尴尬地笑着说："我不记得了。"众人哄笑。区域经理重申立场后，工会主席惊讶地发现自己竟表示认同。

每组总能精准预测他人对自己的评价，大家对此总是会心一笑。肢体语言、你是否被纳入会议、他人是否与你打招呼，这些非言语信号无声传递着他人对你的认知。建立（心理）安全的观点交换机制，是提升信任与开放式沟通的首要步骤。当发现对方早已察觉到你的感受时，谈论这些感受反而更显从容。例如，员工曾提出这样的评论："管理者认为我们借安全之名逃避工作。"而管理者准确预判到了员工会这样评价他们。令员工惊讶的是，管理者并无此意，他们真正困扰的是员工对风险的理解与管理者的理解存在差异。这最终促成由安全专员主持的分组讨论，以达成风险共识。

过程并非总是充满笑声。某些情况下积怨经年，必须制止成员间的相互指责与归咎。

另一项我将在后续探讨的挑战是落实研讨会期间作出的承诺。盲目提升情况会有所改变的预期存在风险。若真诚的努力未显现成效，则实际状况反而会恶化，因此后续追踪计划至关重要。

4.1 员工和主管的关切焦点

“他们根本不关心我们”，这是员工们频繁提及的控诉。在这种预设背景下，员工几乎不可能信任管理层并支持安全举措。因此，员工被要求指出管理层哪些行为传递了“他们不关心员工”的信号。主管则被要求回答哪些因素导致了信任度的降低。来自 30 多场研讨会的结果被提炼成如专栏 4.1 所示的反复出现的主题。

专栏4.1　员工对导致信任破裂的管理层行为的感知

1.重视工期胜过安全；
2.管理层缺乏可见性；
3.不履行承诺；
4.责任制落实不力；
5.缺乏沟通；
6.归咎指责；
7.对员工关切反应迟缓或漠视。

1. 重视工期胜过安全。管理者曾向直接下属明确表示安全为首要任务，且不会为了赶工期而置人于险境。实际情况是，全员均被告知有权叫停危险作业，然而员工普遍认为，在组织中“为了图省事而在安全问题上走捷径”比“延误工期”更易被接受。部分管理者承认，“安全优先”原则会随工作紧急程度弹性调整。

2. 管理层缺乏可见性。这一说辞在多家公司中一字不差地出现。“我每天根本抽不出时间完成所有工作”，管理者这样回应。员工将管理层缺乏实地露面视为漠不关心的表现。我们询问员工为何认为高层人员现身如此重要，他们表示无法信任那些从未到过作业现场，未展现关切态度、专业能力或未了解员工实际挑战的管理者所作的决定。他们将管理层的露面视为其重视安全程度的象征。

3. 不履行承诺。管理层将问题归咎于员工不愿承担起保障自身安全的个人责任，而员工则认为管理层的失信行为体现在：启动安全计划后任其搁置、未兑现承诺的行动项、安全事务所需的人力与资金支持不足。

4. 责任制落实不力。员工认为责任承担标准不统一有失公允。若有规则，则应在员工、主管和管理层中无差别执行。例如，主管未正确佩戴个人防护装备却未受罚，而员工却因同样行为遭到训斥。管理层希望员工互相提醒佩戴防护装备，但员工认为这属于"强制执行规则"范畴，应是管理层职责。因此，员工认为管理层在逃避责任。

5. 缺乏沟通。沟通缺失是另一个高频问题。企业过度依赖备忘录、公告板及电子邮件。某次最低人力配置政策的实施引发强烈抵触便是典型案例——员工因不知情而集体申诉，实则该政策已在公告板张贴逾年却无人查阅。

6. 归咎指责。人身攻击与打击报复是处理冲突的常态。若员工因安全隐患叫停作业，主管常回应："这很安全，你只是不懂。"此类行为导致申诉量激增，因员工认为这是解决问题的唯一途径。事故调查被视为惩罚性手段，即便在工会成员间，言语辱骂也司空见惯。

7. 对员工关切反应迟缓或漠视。对员工关切与建议反应迟缓或不回应，这传递出不尊重与漠视。通过对话，管理者意识到及时回应安全关切与建议是构建信任与可信度的核心。员工反复强调，这正是他们评判公司安全承诺的关键标准。

主管的反馈数据如表 4.1 所示。

表 4.1　主管对导致不信任的主要问题的感知

问题	定义
1. 缺乏共同方向或标准共识	经理与主管未就安全目标或标准达成一致。对于规则的执行，因人而异：有的主管严格执行，有的不执行。这与责任制落实不力有关
2. 责任制落实不力	主管认为表现不佳者未被问责。当他们尝试对员工执行纪律处分时，人力资源部门与高层管理者未给予支持

1. 缺乏共同方向或标准共识。这是纪律管理及奖惩机制中的常见问题。例如，某主管用披萨奖励团队成就，却引发其他员工抗议不公；在个

人防护装备执行中，某主管严格执行，而另一主管仅口头警告。此类问题应成为主管层群体讨论的核心议题。

2. 责任制落实不力。此议题亦适合主管层群体讨论。首先，如何定义责任制？是否等同于惩罚员工？所有研究均表明，这并非激励员工安全作业的最佳方式。本书所述的以关系为中心的方法论对此问题有详尽探讨。

若不允许员工自由表达真实感知，则无从解决此类问题。匿名调研无法达到同等效果。多数人因担忧公开表达情绪可能导致失控而回避此类讨论。涉及批评、情感伤害或怨愤的对话难以开展。当员工缺乏非攻击性表达感受的技能时，反唇相讥会导致局面失控。此类沟通无益于增进相互尊重或理解，须立即终止。攻击行为只会加剧不信任。

在冲突中，每个人对事件都有其独特解读。因此，我要求人们以理解而非认同为目的倾听。若欲达成协作，各方需共同接纳一个反映可接受观点的新叙事。通过不带评判的倾听与理解（而非判定真伪），方能催生各方认可的新共识框架。

4.2　行动计划与持续跟进

完成这些研讨会后，我面临一个困境：针对问题的整改措施常以冗长清单呈现，涉及昂贵设备或耗时项目（如修改流程、明确职责）。多数情况下，这些举措逐渐失去动力。随着其他优先事项的出现，行动计划常半途而废。这种认为安全改进应依赖规则、流程等外部管控而非人际关系建设的观念，正是导致僵局的根源。

我不断寻找更有效的模式。关系型领导力策略源自对信任研讨会数据及个人经验的反思。结果反复强调：成功安全计划的共同点在于领导者愿意纳入所有相关方，以全面考量问题与解决方案的各个层面。为此，我们必须调和两个看似矛盾的目标。

运用巴里·约翰逊（1996年）的矛盾管理理论得出核心矛盾是“应侧重增强信任还是加强控制”。约翰逊模型的优势在于：它强调矛盾双方在不同阶段的价值。通过从“非此即彼”转向“兼容并蓄”，我们可达成共识——信任与规则/技术手段都至关重要。讨论焦点随之转向：如何发挥两者优势并规避极端化？信任带来灵活性、诚实性和观点包容性；规则与行动计划则提供明确性与确定性。二者缺一不可：僵化的规则无法适应复杂变化，而缺乏规范流程会引发灾难。

以下是一个信任与控制融合的案例：瑞福克特咨询集团创新与运营总监罗恩·甘特（2018年）解释道：“我们失败的路径与成功的路径是相同的。”这体现在对规程偏离的认知差异上。当询问员工为何不按规程操作时，常发现他们怀着职业自豪感，试图提升效率或质量。但只有发生事故时，这些行为才会被贴上负面标签。若通过惩罚或严苛规则控制行为，只会催生错误隐瞒；若基于信任其初衷的角度解决问题，便能形成协作性方案。这虽无法消除偏离，但通过持续信任建设、定期对话协商及制定安全作业共识，可实现动态管理。

4.3 领导者开启信任

团队的信任度取决于领导者能否与下属建立互信关系，并促进下属间的信任联结。我开始关注领导者的影响力，因为在参与这些研讨会后，注意到在少数重建信任的案例中，其共同点是存在愿意建立人际关系的工厂厂长、主管或副总裁。在下面的案例中，该场所在新领导者到来前一直处于失败状态。

在力拓集团运营的澳大利亚博伊恩冶炼厂，其总经理乔·雷亚在我见到他时，刚因工厂高效运营获得表彰。他接手的工厂因裁员而士气低迷，且在他改善安全与生产效率时，员工仍面临进一步裁员风险。他向我透露：

成功要素包括通过愿景与目标凝聚整个工厂，使员工感受到与工作的深层联结。这赋予了工作超越为个体家庭谋生的意义。愿景和使命将人们团结起来，守护日渐衰退的澳大利亚制造业。员工们由此形成了“命运共同体”意识，投身于超越个人利益的崇高事业，这项事业将夯实基础并为澳洲青年创造更有保障的未来。

转变始于我告诉主管和经理们，我希望他们能主动与员工建立联系，每次经过时都要打招呼、进行眼神交流，并称呼员工的名字。我亲自把每个人的生日都记了下来，这样如果生日当天碰巧从他们身边走过，我就能祝他们生日快乐。我不会特意去寻找过生日的人，因为要是为一个人庆祝，就得为整个员工队伍（1000 名员工）都这么做，但我碰到过生日的人时，一定会和他们聊聊天。

当然，要管理风险和让员工承担责任，还是有工作要做。一位年轻的经理曾问我：“您曾经解雇或处罚过员工吗？”“当然有！”我回答道。建立信任和关系并不意味着你永远不会遇到难缠的人。但是，当你确实采取纪律措施时，你的员工会支持你，而且你不会像在低信任度的环境中那样遭遇通常的强烈反对。

某内部报告记录的矿山员工关于领导风格转型的采访评论，印证了对人际关系的重视：

· 我刚到岗时，独自在十公里外的偏远区域工作。大家通过无线电不断提醒“注意安全”，反复检查我的状态、给我打电话。独自处于荒无人烟之地，每小时都必须打电话报平安。这让我真切感受到他们的关怀。

· 在其他项目担任工程师时，我被当作底层人员对待，遭受质疑和不信任。但这里完全不同，这要归功于领导层和团队。

· 这里没有“他们”和“我们”的割裂文化。管理层的大门永远敞开。

· 他们允许你犯错，以便从中学习。

· 项目经理会倾听我们的意见。他们不会对你进行微观管理，会让你安心工作。如果他们认为你做得对，他们会给予全力支持。

在另一个工作场所，具有截然不同的结果，尽管同样经历了大规模裁员。

该场所员工士气极度低迷，我受命协助争取工会对一项安全计划的支持。安全负责人开始修复与工会的关系并达成共识。然而，由于管理层临时变更关键设备更换计划，工会主席宣布将撤回对安全计划的支持，总经理因此终止了对我们项目的支持。他表示："工会承诺过不会将安全问题政治化，我无法再信任他们。"谈判破裂后，信任危机进一步加剧。尽管总经理对工会违背承诺的质疑成立，但其强硬态度未能体察工会的深层担忧——取消关键设备采购可能引发更多岗位流失。

如果总经理当初能展现同理心，事态可能会有不同发展。这正与另一案例形成鲜明对比——某企业领导层在开放式论坛中忍受了 5 天的质疑抨击与愤怒指责，最终扭转局势，促使员工共同参与信任重建。

此次矛盾的根源在于公司高层决定在工厂紧急维修期间停发员工两周工资，而管理者与主管仍正常领薪并继续现场工作。当该决定被披露后，员工认为极度不公（设备故障并非他们的过错）。最终，员工被召回参与"安全改进项目"（尽管工厂尚未恢复运营）。人力资源部门在员工对管理层持续辱骂的高压环境下艰难推进行动计划。

当我们将话题转向共同目标（即重建信任对所有人的益处）时，人们的情绪逐渐平复。安全这一共同关切触动了他们——持续的愤怒与情绪化会降低警觉性，成为引发伤害和错误的前兆。尽管如此，仍有部分人持续爆发情绪。为此，我们决定为管理层和主管召开专题会议，启动信任修复进程。

转折点出现在工厂厂长站在所有人面前，真诚地为员工因两周薪资损失遭受的痛苦道歉。他展现出对员工担忧房租和养家问题的理解。尽管他无法否认停薪决定并非他所为（以免归咎集团），但他通过自身的人际联结能力，在分组讨论中与各团队共同改进安全与质量。其直接下属加入每张讨论桌，遵循开放式提问与复述确认的沟通准则。历时 2 天，200 名员工、主管及管理层协力打造了更优的安全流程。

一年后我回访供应链负责人，他欣喜地告知我，员工参与度得分已跃居公司前25%。

类似的实践经历，加上一次偶然受邀参加马歇尔·戈德史密斯的演讲，坚定了我的信念——重建信任无须冗长评估与整改清单。戈德史密斯分享了基于86000名受访者的研究结果：预测领导力效能提升的最强变量是领导者与直属下属的直接互动。他们向每位下属征求反馈，制定针对性改进计划并与下属共享。最关键的区别在于高效能领导者会再次询问下属对其改进行为的感知，通过“询问—倾听—回应”闭环持续优化（Goldsmith and Morgan，2004）。

4.4 “文化”在信任中起作用吗？

根据我的经验，文化是一个有用但常被误解的概念。尽管业界常讨论文化对安全绩效的重要性，但这个词往往沦为解释积极或消极结果的流行词，却无法清晰阐明其形成机制。“哦，这是文化糟糕导致的”——这种说法无助于理解具体需要改变什么。以关系为中心的视角能帮助厘清行业在“安全文化变革”中的困境。

在关系型领导力策略中，领导者与下属的互动驱动变革。八大信念构建了一种促进信任、包容与心理安全感的思维方式，从而为员工的自主担当与承诺开辟道路。

传统的安全绩效改进流程——评估、差距分析、行动计划制订、执行及成效监测——未能有效降低事故死亡率，因其未能触及安全管理中人的社会情感维度。这一缺陷同样影响技术层面：回溯分析显示，若能建立鼓励员工无畏发声与倾听的环境，多数事故本可避免。

美国核能管理委员会（NRC）与核电站正面临此困境。自三哩岛事件后，NRC承受着日益增长的核安全文化（NSC）监管压力。由此形成一套严格方法论，要求进行NSC评估及事故根本原因分析。为确保NSC的稳固性，NRC 严格培训员工，向监管委员会提交安全关切。机密提交的材料被称为“指控”，一经查实，可能会导致严厉处罚——签发“工作环境不友好警示函”（a chilled work environment letter）。

遗憾的是，我在多个场所观察到这一流程并不总能按预期奏效。某核电站收到“工作环境不友好警示函”后，大量员工指控管理层存在报复行为且无视核安全关切。尽管通过强制评估、更换厂长、领导层与员工培训、强化纪律、澄清程序及改进整改流程等方式试图改变文化，但指控不减反增，员工对管理层漠不关心的感知持续存在。

高级管理层似乎无法理解他们需要改变行为以获得员工信任的原因和方式。大量对话与访谈表明，领导团队不愿承认员工指控可能存在合理性，始终认为这仅是少数不满者的行为，然而安全文化评估持续显示这是一种普遍认知。

这些经历塑造了我对八大信念的认知。领导者基于对人的特定信念行事，这些信念影响其对沟通的解读及互动方式。这些信念决定了他们能否增进或削弱下属的信任与可信度。

打开创建具备韧性、创新精神和责任感团队之门的钥匙，在于更清晰地理解如何促进包容、避免排斥，从而释放员工贡献才能的意愿。更多评估和整改计划能改变这种文化吗？要改变“管理层漠不关心”的根深蒂固认知极其困难，行业对“正确问题解决方式”的自我认知也难以撼动。这虽非易事，但视而不见更无济于事。改变应从认知思维与信念对结果的影响入手，运用“推理阶梯”等工具构建流程，帮助领导者在旧信念失效时评估并更新认知体系。

4.5　破裂的关系能够修复吗？大多数情况下可以

修复破裂的关系是艰难的事情，因为这需要强烈的自我意识，以及甘愿承担因可能被拒绝而展现脆弱的风险。主导此类修复工作的核心要求是：对自身假设的自我觉察，以及愿意暂时搁置这些假设，以开放心态倾听对方。

领导者们告诉我，这种能力的形成通常源于从个人失败经历中的学习。此类学习之所以必要，是因为领导者多为成功人士——他们因不断战胜挑战而建立自我确信，并对自身掌控力充满信心。但遗憾的是，往往需要经历重大挫折才能促使其重新审视这种认知模式。

在这方面我最敬佩的领导者之一是卡尔·亨德森。他时任南加州爱迪生公司区域经理，负责管理多座发电厂。当时，其管辖的某电厂 OSHA（职业安全与健康管理局）事故记录率远超行业标准，且与工会纠纷不断。初次会面时，我能明显感受到他的抵触情绪——他坦言参与此次会面仅是迫于公司要求加入员工赋能计划。我向他分享了通过人际关系建设提升员工参与度的方法，以及包含自我变革重要性的个人领导力发展模型（卡里略，2002）。

卡尔坦言已尝试过所有其他改进计划均未奏效，并对该工厂员工的消极态度和抵触情绪感到极度沮丧。尽管如此，他仍需执行公司要求，于是我们启动了项目。

我们开展了员工感知调研，结果与预期一致：信任荡然无存——“管理层不关心我们，对安全问题置之不理”“要求我们进行危险作业”等反馈充斥着报告。我建议卡尔将结果带至每个班组听取作业人员意见。他照做了，并在后续沟通中感叹自己深刻认识到作业人员面临的困境——尤其是轮班制度的结构性问题。随后，我们开展了为期 3 天的信任重建研讨会（如前所述），不仅揭示了具体问题，更发现了一个根本症结：无人真正倾听彼此。

卡尔全程参与所有研讨会。这与同级别领导形成鲜明对比——后者通常会在启动会露脸后便消失，美其名曰“给员工发言空间”。但问题在于：即便员工发声，谁来倾听？主管虽在场，却通常无实权解决工厂问题。

卡尔持续回到控制室进行对话与进度跟进。他召集员工与主管志愿者组建安全团队，提供预算并协同解决员工安全关切。两年后，同样的感知调查再次进行，结果显示，各项指标平均提升 22%。OSHA 事故记录率从 28 起降至 3 起。该厂从“公司内最差的工厂”转型为“最成功安全团队标杆”。他们持续不断地改进，一直到一年后卡尔去世。葬礼现场挤满告别的员工。卡尔成功将安全抵触者转化为支持者。这是他个人的成长之旅——他曾尝试多种方法打破信任壁垒，却从未意识到“倾听与人际间联结”才是关键。

如卡尔的故事所示，信任重建是可能的。十年后我再次受邀协助该工厂（此时已更换所有者），它却重回“最负面”状态。新任工会主席拒绝支持通过 VPP（自愿保护计划）提升员工安全参与度的举措——该计划曾成功激活公司另一工厂的员工参与。厂长依旧置身事外，安全状况未见改善。安全绩效提升的关键不在于计划本身，而取决于人及人际间的互动方式。

十年前参与变革的老员工仍对昔日成就深感自豪。我们无法完全控制那些对员工产生负面影响的决定与事件，也无权最终决定组织变革、裁员或缺乏灵活性的公司政策。然而，当领导者愿意倾听、了解员工并展现关怀时，敌意会消退甚至消失，员工在艰难时期仍愿协作。

4.6 信任建设具有个人属性

重建并维系信任所需的领导力思维，需立足当下，能够接纳必然出现的情绪冲突与矛盾。接纳是必要的，因为当下的一切都是过往累积的结果。除非我们完全未参与其中，否则我们都对现状负有责任。即使无需担责，若领导者不承认自身在信任破裂中的作用，并在可能时道歉或纠正错误，任何进展都无从谈起。

若你曾参与过员工或利益相关方带有怒意的会议，定能体会其中的煎熬与不适。承认并接纳他人的感受与情绪，这可以为合作与理解开辟通道。此举目的并非强行达成和谐，而是直面现实，在可行范围内采取行动。

有时我们清楚问题所在及改进方向，但更多时候并非如此——尤其当关系破裂涉及自身未察觉的行为与性格缺陷时。通常的建议是向他人寻求建设性反馈，但是，这带来了不同的挑战，因为并非所有人都能善用这种反馈而不将其视为个人攻击。更稳妥的做法是，在项目启动前，主动征询受影响方的意见，从而避免潜在风险。

一位主管向我分享了一个故事，用以说明信任修复的可能路径。他曾就职于一家核电站，那里的员工和管理层之间互不信任的程度非常高，以至于有位管理者因为把手搭在一名员工的肩膀上而被起诉肢体暴力。

> 我父亲曾是核电站的一名电工，他常跟我讲那些工程师是多么不接地气的故事。他们过来指手画脚，试图告诉他该怎么干活，可他们毫无实际经验。后来，我上了大学，也成为一名工程师。当我到他工作的那家核电站工作时，我决定采取不同的方法。我会亲自到工作现场，请作业人员教我他们正在做的事情。我告诉他们，他们才是有经验的人，我需要他们的帮助，他们真的会教我。现在我也试着告诉其他主管如何与作业人员相处。我跟他们说，我当工程师的时候，每次提出要求，都能很快得到满足。而当其他工程师提出要求时，他们却被告知要填写相关文件。这让他们花在行政程序上的时间翻了一番。我现在也采用同样的方法，从没有遇到过其他主管所谈论的那些问题。

信任重建所需的时间与努力程度，取决于问题根源的深度。对于长期积累的不信任，恢复是一个无法强制的渐进过程。解决复杂问题（如改善工会与管理层长期对立关系或变革组织文化）需要长期投入。由于复杂性、无形性及持续投入的特性，信任建设往往被列为次优先级——这并非管理层认为其不重要，而是其他问题更易解决。若能将信任建设转化为具体可操作的行为，将助力管理层应对挑战。

从信任建设研讨会上总结的一些信任建设行为如下：

· 保持持续参与对话，以维持沟通清晰度和共同目标；

· 用语言表达对员工的关怀；

· 在提供信息前先提出问题；

· 复述，以便确认理解准确性；

· 对人们的感受表示歉意或者表示理解；

· 面对错误时保持冷静回应；

· 对关切事项给予回应并跟进，直至问题得以解决。

信任具有个人属性。正因如此，即使组织整体氛围不佳，某位主管、经理或安全专员仍可与团队建立信任关系。这也解释了为何当领导者离开时，信任可能随之消散。建立信任没有捷径可走，但只要愿意持之以恒，其路径是清晰的。

参考文献

1. Beckhard，R.（1967）. The confrontation meeting. Harvard Business Review，45（2）：149–155.

2. Burns，C.，Mearns，K. and McGeorge，P.（2006）. Explicit and implicit trust within safety culture. Risk Analysis，26（5）：1139–1150.

3. Carrillo，R.A.（2002）. Safety leadership formula：Trust + credibility x competence = results. Safety Professional，47（3）：41–47.

4. Conchie，S.M. and Donald，I.J.（2008）. The functions and development of safety-specific trust and distrust. Safety Science，46：92–103.

5. Conchie，S.M.，Donald，I.J. and Taylor，P.J.（2006）. Trust：missing piece（s）in the safety puzzle. Risk Analysis，26（5）：1097–1104.

6. Eid，J.，Mearns，K.，Larsson，G.，Laberg，J. and Johnsen，B.（2011）. Leadership,

psychological capital and safety research：Conceptual issues and future research questions. Safety Science，50（1）：55–61.

7. Gantt，R.（2018）. Interview with Ronn Gant on 8/4/2018. Accessed 9/18/2018. http：//www.reflectcg.com/about–us/.

8. Goldsmith，M. and Morgan，H.（2004）. Leadership is a contact sport：The "follow–up factor" in management development. Strategy+Business，Issue 36. Accessed 7/10/2018. https：//www.strategy–business.com/article/04307?gko=a260c.

9. Johnson，B.（1996）. Polarity management. MA：HRD Press.

10. Reason，J.（1997）. Managing the risk of organizational accidents. London：Ashgate Publishing.

11. Simon，R.A. and Simon，S.I.（1995）. Redesigning the safety function for the year 2000. Professional Safety，40（3）：350–353.

12. Zohar，D.（2010）. Thirty years of safety climate research：Reflections and future directions. Accident Analysis and Prevention，42（5）：1517–1522.

第5章

关系型世界中的问题解决模式

无论是博帕尔事故、英国石油公司得克萨斯炼油厂事故，还是福岛核电站事故，都存在一些共同的因素。当时，进行决策的人类群体，面临不确定性，大量的压力，包括产出、财务业绩以及群体间信任与沟通的破裂。毫无疑问，认知性偏见也妨碍他们看到预防措施。然而，揭示由归属感需求和过往经历所引发的情绪触发因素，可能是最艰巨的挑战。

我尝试描述了因排斥、不尊重与缺乏倾听导致的典型信任破裂案例。我还讲述了那些通过建立人际关系来解决这些问题的领导者的故事。这些领导者不仅对人性持有积极的信念，还具备某种思维框架——我认为这种框架能增强他们顶住权力压力的能力，在要求员工追求更高目标的同时保持他们的参与度。

优秀的管理者往往都是高效的问题解决者。他们能力越强，晋升就越快。但这也意味着需要应对更复杂的局面、更高的不确定性，同时还要应对各种各样的注意力需求。压力是生活中的常态，管理不同性格的人所带来的挑战也是如此。随着人们在职业生涯中不断晋升，他们常常困惑于为何曾经行之有效的问题解决能力不再那么管用了。于是他们投入更多的时间来弥补，但当这种方法也不再奏效时，领导者就会寻求更高层次的能力突破。在为高管直接下属进行360度评估时，我曾询问CEO们：承担更大责任需做出的最关键转变是什么？他们一致回答——学会信任。

我们生活在一个关系型世界。每一次社交互动都可能引发人际关系冲突，而信任能有效降低互动压力。以关系为中心的方法能够应对这些挑战。本章将探讨实施该方法所需的领导力核心能力。它并非标准化方案，因为具体实施需因组织情境而异。这是一个解释行动举措成功或失败根源的模型——即缺乏足够的信任与开放式沟通。关系型领导力是领导者可选择的创建成功的路径，其本质是一种思维模式：基于对人性的积极信念，并通过持续践行这些信念的纪律性行动实现。该路径揭示了实践此思维模式所需的心理过程。若没有这种理解，就很难帮助领导者实现采用以领导力为中心的方法所需的变革性思维。

在对话中忽视领导者的思维模式所带来的后果之一是，这意味着他们没有准备好去识别并解决那些导致人际关系破裂和变革努力失败的人际问题。在与高管和安全专业人员合作处理收购后的安全职能整合事宜时，我曾目睹过这种情况。研究表明，管理者们将 70% 的合并失败归咎于领导力和文化方面的问题。在诸如 Glassdoor 和 Indeed 这样的招聘网站上，你可以看到指向这种领导力缺失的证据。员工们在公司经历收购时纷纷发帖，表达自己的失落感和被背叛的感觉。然而，以我的经验来看，管理人员和安全专业人员将 90% 的注意力放在诸如组织结构、危险控制和供应链管理等问题上。而对领导力和企业文化范畴内的人际关系、情绪和社交问题的关注度还不到 10%。

为什么会这样？韦克（Weick，2009）曾记录过这样一个案例：儿科医生未能识别或上报受虐儿童，因为他们既无法想象会有父母虐待自己的孩子，也不清楚该如何应对这种情况。他援引原研究者的结论：“组织发现问题的意愿与其采取应对行动的能力密切相关”（Westrum，1993，p. 340）。

随着社会工作者的介入，儿科医生得以发现儿童受虐的情况，且社会工作者已掌握应对此类家长的手段。韦克继续指出：

> 实践是认知的探照灯——只有通过具体行动，才能看清迷雾中的

挑战全貌。行动半径决定观察视野，观察深度影响认知维度。当变革浪潮来袭，这种层层衰减的认知模式将成为致命伤。此时，有意识的实践与机制，就是打破认知茧房的手术刀。

（Weick，2009，p. 30）

我认为，如果为管理者提供应对社交－情绪问题的支持和工具（这些问题是复杂安全风险的一部分），他们将逐步识别并愿意解决这些问题。

关系型领导力并非对组织的乌托邦式想象。人际关系错综复杂，有时甚至会产生负面结果——这正是人类在包容与排斥间持续博弈的必然产物。只要生命存在，我们就将不断在归属感需求与个人/群体身份认同之间反复博弈。绝对平衡与和谐并非理想境界。同理心固然能促进沟通共识，但真正孕育创新的沃土，恰恰在于允许差异与模糊性共存。

5.1 组织能力扩展模型

关系型领导力扩展模型如图 5.1 所示，同时提升领导者的人际关系构建能力与技术专业能力，将扩展其领导效能。纵轴与横轴分别表征领导者在人际关系维度和技术维度的能力强度，斜向矢量则体现了领导力提升带来的组织绩效改进。该模型基于 25 年来与领导者合作开展成功及失败变革项目的经验，以及针对美国、阿根廷、荷兰阿姆斯特丹和英国等地 200 余位领导者及其直接下属的访谈研究。

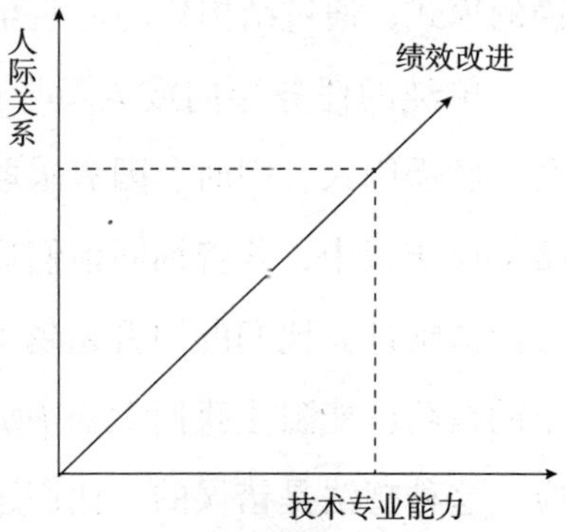

图 5.1　关系型领导力扩展模型

技术能力与业绩产出在工业领域备受重视。具备这些技能但缺乏人际交往技能的管理者，常因其卓越的专业知识被擢升至领导岗位——企业试图通过晋升留住技术骨干。然而，这种做法的代价是给其下属带来巨大压力。员工访谈显示，缺乏人际技能的领导者会受到差评，因其未能理解自身行为对公司其他人员或部门造成的负面影响，从而导致更广泛的战略目标难以实现。此类领导者的留任，实质上昭示着管理层认为技术能力与财务结果比员工的参与度更重要。我发现这种现象常见于企业或厂区筹备资产剥离、紧盯短期成果时。尽管这类压力在办公室环境中不至于引发安全事故，但若出现在高危行业，这将极可能导致安全事故。

一位在人际关系建设和业务技能两方面都极为出色的领导者，其团队成员如此评价道：

> 劳伦聪明绝顶，而且富有亲和力，平易近人。这些特质加在一起，使她成为一位非常出色的领导者。她对事业全心投入，也关心我们每一个人。大家齐心协力，朝着同一个方向努力。我希望能成为这种团队的一员。

尽管像劳伦这样的领导者看似凭借直觉行事，但实际上他们遵循着严谨的模式，通过结构化的定期互动来培养直接下属。

单纯的任务导向或人员导向并不足以解决问题，实施变革和解决复杂问题需因人、因时、因势采取多维导向。在与获得高评价的领导者的直接下属访谈中，我曾询问他们通过哪些行动或机制传递认可感、归属感或方向清晰性。他们的回答超越了倾听、复述或询问式倡导等行为。认为简单的技巧就能阻止我们大脑中那些削弱心理安全感和信任感的复杂神经反应，这种想法是错误的。他们这样描述："她是那样倾听的""她是那样与我沟通的""她总是支持我，甚至在我需要时站在我身边"。这些积极的评价反映了情感联结——人际关系的存在。

5.2 五大领导力对话导向

我们将目光转向对话——这一被确认为决定组织生命走向的核心载体。图 5.2 所示为变革组织绩效的五大领导力对话导向，其揭示了领导者的心理状态如何影响其在对话中的倾听与回应能力，进而影响人际关系构建与复杂问题解决。在这个过程中，镜像神经元会根据领导者影响力的大小，在追随者参与时唤起类似的心理状态。领导者还需有意识地消减社交互动中的固有恐惧（排斥、羞辱、尴尬、丢脸）。恐惧或控制导向虽可用于驱动变革，但无法真正激发员工参与安全事务的意愿。

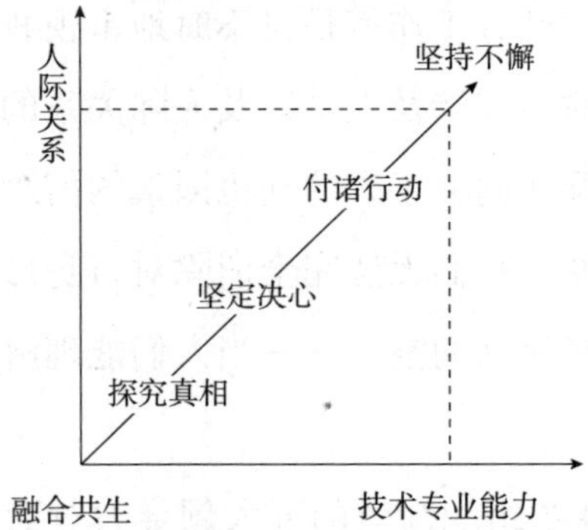

图 5.2　变革组织绩效的五大领导力对话导向

通过运用“五大导向”，领导者以兼顾所有利益相关者的方式收集数据，从而使其决定与行动减少对人际关系及相应的组织成果的意外负面影响。这是一种超越个人视角的领导模式——领导者创建对话环境，促使自我与他人的转变，以实现复杂问题解决、创新与韧性。该模型借鉴了韦克（Weick，2009）、斯泰西等（Stacey et al，2002）、阿吉里斯（Argyris，1982）、艾萨克斯（Isaacs，1999）和尼尔森（Neilsen，1991）等众多学者的研究成果，他们致力于解构沟通的复杂互动过程，帮助我们更深入理解如何发展组织的“人际关系维度”。

5.3 解决具有挑战性的复杂问题

“五大导向”模型体现了领导者的心理框架的各个维度，这一心理框架通过员工参与促成问题的成功解决。这里所说的心理框架，指的是领导者通过自我意识、同理心、专注力、正念（即关注当下）及逻辑推理来提升自身及他人能力的才智状态。鉴于领导者面临的压力强度，大脑的自然倾向是聚焦于危险和自我保护。需要心智训练来培养维持目标感、归属感与包容性所需的心理素质。仅接触情商原则与技能不足以改变我们与他人的互动方式。

担任领导职务的一部分工作就是时不时地审视我们的假设和信念，尤其是在处理复杂问题时。在涉及人员以及人际关系的事务上，如果事情进展不顺利，就需要质疑我们关于人的动机因素的信念以及从他们的行为中得出的可能错误的推断。我们无法完全消除对自身形象的担忧，但目标应是营造一个让对话自然流动的空间——当人们能理解彼此的处境时，真正的沟通便得以发生。

如表 5.1 所示为变革组织绩效的五大领导力对话导向，各导向的数字序号并不暗示线性推进流程。融合共生、探究真相、坚定决心、付诸实施与坚持不懈五大导向可以在任何时间多次发生。该表同时阐明了领导者解决问题的导向，以及所需的核心能力或技能。

表 5.1　变革组织绩效的五大领导力对话导向

导向	互动机制	领导者的能力 / 技能
1. 融合共生	领导者将人们聚集在一起建立关系，并就方向达成共识，从而形成团队认同感	通过包容创造团结，阐明愿景并激发共同目标。具备倾听能力，善用信任纽带，实现人与理念的贯通
2. 探究真相	领导者为探究真相创造空间。期待并审视不同的观点。质疑各种假设	从容应对不确定性。专注并愿意探究真相。诚实、对自身及他人情绪的觉察、耐心与倾听。管理冲突

续表

导向	互动机制	领导者的能力 / 技能
3. 坚定决心	在这种状态下，做出选择、确定优先事项并明确计划。决心是指坚持完成某事的意志，同时对意外情况做出适应性调整	坚守立场并采取行动，同时保持一定程度的开放态度以识别需要调整行动计划的新信息。支持、挑战并信任团队成员
4. 付诸实践	采取行动去学习并把愿景变为现实。鼓励参与者将错误视为学习机会，并寻找新机遇。这种状态能促进创新和韧性	保持专注，明确优先事项。培养直接下属并提供支持。愿意接受新数据并及时调整方向。维系人际关系
5. 坚持不懈	激发持续改进的意愿与坚持到底的纪律性。这一状态是将障碍与失败视为必经之路的韧性	保持专注、灵活应变以及不懈的耐心，以明确优先事项并在艰难时期指导直接下属。避免将事情个人化。将挫折视为重新审视的机会

后续5章将分别阐述五大导向，这些导向能拓展领导者建立信任与相互尊重的能力。它们使领导者能够促进有效对话——既能为优质决策获取正确数据，又能帮助人们达成共识，并激发执行与落实的意愿。这是一个渐进过程，验证了情绪、感受与包容性的价值——这些正是员工参与的重要构成要素。

每个导向的阐述均说明它们如何以及为何能在技术领域和人际关系领域提升领导力。随着我们提升自我觉察，增强对员工包容与归属需求的敏感度，我们构建关系与扩展组织能力的能力也随之增长。该模型还将剖析关系型领导力沟通所涉及的要素。

参考文献

1. Argyris, C.（1982）. Learning reasoning and action：Individual and organizational. San Francisco：Jossey-Bass.

2. Isaacs, W.（1999）. Dialogue and the art of thinking together：A pioneering approach to business and in life. New York：Currency.

3. Neilsen, R.（1991）. 'I am we' consciousness and dialogue as organizational ethics method. Journal of Business Ethics, 10：649-663.

4. Stacey, R.D. Griffin, D. and Shaw, P. (2002) . Complexity and management : Fad or radical challenge to systems thinking? NY : Routledge.

5. Weick, K. (2009) . Making sense of the organization, Vol. 2 : The impermanent organization. West Sussex, UK : Wiley and Sons.

6. Westrum, R. (1993) . Thinking by groups, organizations, and networks : A sociologist's view of the social psychology of science and technology. In : Shadish, W. and Fuller, S. (Eds) The social psychology of science. New York : Guilford, 329–342.

第 6 章

五大领导力对话导向——融合共生

融合共生意味着联合或者团结在一起。这是通过共同认知与相互尊重形成的联结状态。人际关系凭借共同目标、信念和语言融入群体认同。融合共生状态是在互动中通过对话来实现的，从而就工作、挑战和机遇达成一致。领导者的人际关系建立能力和技术专业能力对于促进这项任务都很重要。

将团队或组织凝聚于共同目标的关键，在于倾听人们言语之外的信息。指引我们采取正确行动的信息无处不在——它们如雨点般通过感受、情绪与环境细节倾泻而下。仅关注确凿证据可能导致悲剧：某员工多次向 HR 投诉主管因他举报安全隐患而安排最差班次，导致其严重消瘦且妻子终日担忧。HR 调查后认定无须采取行动，但该员工随后自杀，后续调查才“发现”职场霸凌的证据。

正如西德尼·德克尔等（2004 年）指出，事后分析对事故预防作用有限，因为事后获得的细节未必反映事件发生时的真实情境。然而，许多预警信号恰恰是我们被训练成要忽略的情绪与感受。五大导向能帮助集中注意力，使我们捕捉更多此类信号，并识别在信号存在时仍强行推进的压力根源。此类案例中最具代表性的是挑战者号航天飞机发射决策（Vaughan，2016），当时工程师们的反对意见未被采纳。

6.1 倾听

关于领导者倾听的重要性众所皆知，现在我们将以新视角审视其内涵与启示，从而更深刻理解为何它始终是关键。诸多建议告诉我们要睁眼聆听以洞见现实。开放心灵与思维同等重要，因为你对是非的固有信念是接触现实的最大障碍。真理可能具有多面性，因此正确判断如此困难，且无人能始终正确，这正是需要韧性的原因。

在充满不确定性与危机的时刻，开放心态与压力控制能力不可或缺。从“融合共生”这一导向开始的原因之一是包容他人。倾听并处理复杂信息非一人可为，当领导者调动团队或组织，更多有效信息得以处理。在某个时候必须进行决策并采取行动，但现在还不是时候。

6.2 构建联结

融合共生是建立信任感、包容感与责任感的第一步。它整合了关系层面与任务 / 技术层面的问题，因为能帮助人们明确方向及实现路径。包容感与共同方向感促使成员更无畏地共享信息、提出不同观点，从而确保事务不偏离正轨。

一个创建融合共生的活动示例是，提问“你对这次会议或你的工作有什么感受？”，而不是仅仅讨论工作进展如何。另一个示例是，在会议中采用有意义的破冰活动。当以唤起成员联结感与目标共识的活动作为会议开场时，能使会议成效显著提升。这种情况通常发生在外出集训或团队建设活动中，但每周员工例会或每日碰头会时却常被忽视。领导者绝不能假设员工能毫无顾虑地提出疑虑或担忧。即使一个即刻的联结性问题也能产生积极影响，例如“有什么让你担心的事情或亟待处理的工作吗？”（更多建议参见附录）

寻求融合共生，这要求我们发问："何时应该反对群体共识并相信自己对现实的判断？"答案是相信自己。然后，通过提问帮助他人提出更多问题，得出新答案。在融合共生状态下，知识与改变是一体的。当人们看到并接受新观点时，他们就发生了改变。当管理者目睹员工因被包容和更高期待而积极参与并取得更好成果时，他们开始相信这种转变。

领导者需自问：我是否准备好不带评判地倾听？是否相信了解真相（即使是坏消息）能增强对现实的理解？是否意识到我对现实的认知可能是错觉？当接收的信息与我们固有观念冲突或威胁自尊时，肯定回答将变得困难。我们如何回答这些问题，决定了能否营造开放式沟通的环境。

实现融合共生——通过就共同目标、共同信念及共同语言达成共识来建立人际关系——需要投入时间，这是一个缓慢而渐进的过程，这需要理解自己和他人的思维模式。这在个人对话中效果最佳，有助于建立心理安全感。

一家通用电气发电厂的一位主管蒂姆，管理着 100 名直接下属，他通过实践验证了这一过程。以下是他的故事：

蒂姆曾在军队接受领导力训练。他刚到这家工厂时，工厂的安全记录糟糕透顶，主管们拒绝到车间巡视——因为他们不愿看到任何违规操作。有一次，某主管试图处罚员工，后来发现自己的汽车挡风玻璃被砸碎。

蒂姆开始与每位团队成员进行一对一谈话，反复多次并持续开展。他明确传达了工作要求，并强调安全是他的首要关切。同时征询改善工作条件的建议，并收集到设备需求清单与效率优化方案。一年内该团队成为厂区绩效最佳团队，这些对话及对员工需求的响应被认为是关键因素。

正如他所说：

当我被问及是如何将两年前事故最多的班组做到至今零事故时，我的回答是："人们希望你回应他们。"我们本该如此，不是吗？问题在于并非所有人都这么做。为什么？我不知道。在这个工厂里，关于要修复什么东西，大多数人只会跟你说两三次，若未有回应，他们就会自行解决。我的意思是，他们会出一次事故，然后问题就解决了。我们之前已经多次说过，态度是人们不受伤的首要因素。作为管理层，我们必须在员工中树立起可信度。这样，我们才更有可能改变他们的态度。

为何许多管理者未能意识到在基层互动及开展一对一沟通的价值，在我对该问题进行思考时，“融合共生”的概念浮现在我的脑海之中。每一次接触都是就共同目标与他人建立联结并推动他们投入其中的契机。因此，领导者需率先垂范，并统一团队认知——要求每位成员与其直接下属及一线员工保持一对一对话。鉴于部分管理者对此存在执行困难，融合共生的建立还需要持续性支持机制——这一持续机制提供教练辅导，直至每一个人对融合共生状态的创建应对自如。

参考文献

1. Dekker, S.W.A.(2004). Why we need new accident models. Human Factors and Aerospace Safety, 4(1): 1–18.

2. Vaughan, D.(2016). The challenger launch decision: Risky technology, culture, and deviance at NASA. Chicago IL: University of Chicago Press.

第7章

五大领导力对话导向——探究真相

探究真相（Penetration）是指对复杂事物的深刻理解（引自《牛津英语词典》）。这种穿透性思维状态专注于以包容不同观点的方式探求真相。在复杂且不确定的环境中，关于问题本质或解决方案常存在意见分歧。倾听各方观点，并善于识别和质疑相关假设，能够减少冲突，因为这会让人们感到自己的声音被听到了。当意见相左时，与其终止对话，不如对对方的观点和意图提出更多追问。需谨记：征询并采纳他人建议，是最高形式的认可。

"探究真相"这一状态避免了试图通过命令和控制来解决问题的尝试。它遵循这样一个过程：通过持续微小的行动，首先对问题的每个层面探究真相，以便全面理解相关情境，而后再采取行动。那些成功处理过大型复杂项目的管理者，会让员工参与问题诊断和解决方案的提出。他们采用小型试验，对每个假设进行检验。这样能降低压力和冲突，因为很多想法都被纳入其中。那些行得通的想法就会被付诸实施。

人类天生具有意义构建能力。这是我们理解复杂且有时神秘的事件的本能方式。当我们以探究真相为导向时，我们会意识到：自己的先入之见可能会蒙蔽我们看清真相的能力，而且，我们的假设也可能导致错误的结论。目标是让团队清楚地了解所有相关人员的想法和感受，这会拓宽可行方案的选择范围并实现高质量的决定。此外，领导者对人们意见的回应方式以及与他们的互动方式会影响信息的质量。

我一直主张营造这样一种环境：员工可以无顾虑地就关切、错误或者创新性想法主动直言。有人担心利用员工提供的信息评估风险颇具挑战性，因为员工所提供的信息可能不准确或不完整。另一个担忧是，包容性会导致对"分析性瘫痪"（analysis paralysis）的恐惧——在等待收集多方观点的过程中，决策过程会耗费过长时间。第三个担忧是倾听人们的感受可能会延缓变革进程——而焦虑被视为一种驱动力。当前阶段致力于构建包容性共同体，同步整合共识者与异议者的价值能量。这不仅是为了收集更全面的数据；这一包容性还能增强所有权意识和责任感。那些坚决反对的人可能永远都无法被说服，或者需要很长一段时间才能被说服。

诸如"推理阶梯"之类的工具让我们意识到，倾听和理解是两种不同的功能。通过倾听，我们可以复述听到的话。而要理解发言者，我们需要核对自己认为已理解的内容。我们的偏见和先入之见需要有意识地加以评估。为此，人们可以尝试设定不带任何假设倾听的意图，或者设定旨在控制偏见的复杂的决策模型。这在我们情绪未被触发时会有所帮助。

我曾在一次讨论导致停产的重大安全事故的会议上目睹过这种情况。我已提前让管理人员做好倾听准备，所有人都认为这是获取员工认同、推动他们自主解决问题的有效策略。一切进展顺利，直到员工开始抱怨卫生间和食堂的环境问题。这些场所不仅设施老旧，而且缺乏定期清洁维护。有位主管建议，想要真正获得员工认同，必须就现状公开道歉并立即着手整改。

这激怒了一位管理者，他说道："麻烦是他们制造的，我为什么要向他们道歉？"这番言论迅速传开，合作就此中断。当我们听到自认为不公平或不尊重的言论时，就会停止倾听。即便在讨论中投入再多善意，也无法完全消除那些引发情绪反应的假设和偏见。如果我们要探寻真相，即便一开始意见不合，也必须保持开放的态度。

倾听感受和情绪很重要，但我们自身的情绪可能会干扰倾听，因而必须加以管理。否则，某一经历可能会误导我们，让我们在不相关的情境中套用错误假设。要做到真正倾听，我们既需要一定程度相信他人的积极意图，也需要具备识别潜在真相的能力。

讲故事是开启人们共情倾听的一种方式。让人们分享个人故事和经历属于叙事性意义建构。这种体验的非理性特质能够穿透在艰难对话中常常存在的自我保护屏障。领导者可以在所有会议上都说“安全第一”，但领导者传达对员工真诚关怀的最有力方式是讲述自己的故事。当领导者忽视围绕自身价值观讲述个人故事时，员工可能无法理解对其而言重要的东西。很多时候员工臆想出来的故事与领导者希望传达的内容几乎无关。在这方面，我的经历如下所述。

我当时在主持一场工会－管理层双方的对话，旨在改善安全文化。其中一位管理者收到大量批评性反馈，因为人们感受到他不信任他们，也没有把他们的最大利益放在心上。其中一个问题是，他下令锁上计算机房，员工需要提交报告时必须费劲去取钥匙。这位管理者担心之前发生的盗窃事件，但人们认为现在计算机房有人值守，没人能偷东西而不被发现。这位管理者还制定了其他几项政策——包括减少某些班次的人员——但人们认为这些政策不安全。而他的反应是生气和辩解。

休息时，我把他叫到一边，问他是否愿意谈谈作出这些决定的原因，以及他对所获反馈的感受。他同意了，接下来发生了这样的一幕。他向 20 名员工组成的团队讲述了自己压力很大且感到孤独，因为他觉得只有自己关心那些出问题的事情。他每周工作 60 小时，但没有加班费。现在，他听到的是，他为改善现状所做的每件事反而让情况更糟。他希望改变现状但不知如何着手。

当他说完后，整个房间的氛围完全改变了。他主动寻求帮助，而员工们也都愿意协助他。大家既不想让他觉得必须独自承担所有事情，也不愿每次需要进机房都得申请钥匙。员工们开始提出各种建议，指出他应该如何以大家能支持的方式达成目标。我至今仍保留着这些记录，它们是员工自发承担责任的绝佳例证——这种责任感是管理者永远无法通过强制手段实现的。

当你在对话中加入个人色彩，讲述自己的故事时，人们就会倾听。这是除其他已证实有效的技巧（如复述和确认对方是否理解你所说的话）之外，你可以采用的一种有效方法。倾听他人讲述自己的故事并分享你自己的经历，这种沟通的力量是巨大的。它能迅速触及真相，能化解最顽固的情绪，能打开解决最棘手问题的大门，还能建立牢固且忠诚的人际关系。

促进意义建构

通过意义建构实现探究真相，这一策略最适合用于信息不完全明朗的模糊情境。该方法能促使观点分歧者就后续行动方案达成共识，它运用基于相互尊重的机制来培育信任及建立开放式沟通渠道。

领导者通过一对一交流和小组讨论的方式，收集信息以更全面了解影响风险评估及沟通质量的各种影响因素，从而探究问题的真相。他们让员工参与危险的识别、评估和解决。必要时会引入 EHS 专业人员。事先会达成共识：所有想法都将被考虑，并通过小型试验来检验相关想法。每次结果都将催生新的试验，并同步公示。这为所有相关人员采纳安全信息铺平道路。这里所说的安全信息特指对相关风险及其管控方式的共识性解读。

复杂情境中的风险管控具有挑战性，因为影响最终结果的诸多要素潜藏于情绪、信念及未来事件的不可见维度。在此类情境中，有必要采取小型行动并保持对结果的敏锐观察，从而实现早期修正。包容不同意见思考者的探究真相式对话有助于实现这些目标。

此类对话需要促进型而非专家型或指令型领导者。沟通时采用的领导风格取决于组织的成员能力、具体情境及文化特性。表 7.1 总结了传统型管理风格与促进型领导风格之间的差异。你可能会注意到，传统型管理风格或许更适用于两类群体：刚掌握岗位基础技能的人以及具备需持续指导性格特质的人。在危机时刻，由于讨论时间有限，这种管理风格也可能适用。我已经成功地把这些技能传授给运营管理者。

表 7.1　传统型管理风格与促进型领导风格对比（改编自 Weaver and Farrell，1997）

传统型管理风格	促进型领导风格
正确地做事	提供帮助
关注短期成果	帮助人们理解为什么，以便人们传递它
告诉他人做事情的方式	帮助人们掌握问题解法，使其未来具备自主实施能力
专注于行政职责	专注于与人们对话和授权，以便腾出时间进行更多交流
设定计划及进度安排	与人们共同参与意义建构，以确定方向和时机。开展一对一对话，既提供支持，又在必要时进行纠正
聚焦于成果	促使他人对成果产生所有权意识
设定愿景	促使他人参与意义建构，并与他们的价值观建立联结
提供稳定性	提供信息以帮助人们了解正在发生的事情并对变化作出动态调整

参考文献

1.Weaver，R.G. and Farrell，J.D.（1997）. Managers as facilitators. San Francisco : Berrett–Koehler.

第 8 章

五大领导力对话导向——坚定决心

我们很多人只是敲了敲门，却仍留在门外，因为敲门和进门完全是两码事。

——弗农·霍华德

关于促使个人和组织变革的因素，人们已经著述颇丰。许多领导力发展计划在以下方面表现优异：如何为洞察到需要改变之处创造机会、如何提供可采取的行动方案，以及如何制订计划以实现理想的变革。但没有人能替你完成的，是那份坚持行动到底的决心。

坚定决心即为决断与意志。一旦达成，便是突破性的成就。然而，必须有果断的行动紧随其后，正因如此，付诸行动便是下一步。

保持坚定决心是艰难的。当你以为已经把花园里的杂草全部拔除时，它们又会重新冒出来。组织始终处于持续变化的状态。我们无法一次性建立人际关系或完成变革就宣告成功。必须持续下定拔除杂草的绝对决心，同样也要持续下定遵循关系型领导力策略的坚定决心。过早陷入绝对立场是坚定决心的负面体现——因为我们过于确信自己正确，以至对其他人的观点充耳不闻。这种态度可能会让别人不敢主动直言，或者导致我们忽视重要的信息。

将人际关系置于首位的坚定决心之所以难以践行，是因为重组、并购、裁员、降薪和人员解雇等行为被视作将利润置于人员之上。其他因素涉及公司或董事会层面的决定——这些决定强制要求并奖励某些指标，这些指标将重点和资源投注于员工认为次要的风险上，而对他们最关切的问题却疏于重视。

公司层面设置的障碍可从一次安全会议中窥见一斑——主管们抱怨，获取工作所需的必要许可的程序过于繁琐，导致工作延误数小时甚至一整天。安全专业人员无力更改此程序，因这是公司强制规定的。此类案例表明，若一心只盯着避免某个具体问题，反而可能催生打击员工参与的行为。

领导者和追随者的坚定决心出发点可能不同。领导者会全面评估所有选项，并与持有不同观点的人交流，然后作出选择。并非所有人的视角都一致，因为领导者需对全局负责。在个人层面，人们往往基于自身利益行动。我们想强调的是：当领导者营造出包容与归属感时，每个人的所有权意识和坚定决心都会被激发出来。

8.1 逆境中的坚定决心

事后反思时，错误抉择更易显现：何时该拒绝却未拒绝，何时该倾听却未倾听。但在抉择当下却困难得多，且需甘冒被排斥的风险。美国铝业公司前 CEO 保罗·奥尼尔（Paul O'Neill，Baer，2014）曾做出违背股东诉求与运营需求的决定。他明确告知董事会和股东：将安全置于利润之前才是实现长期成功的路径，最终结果也印证了这一点。

我也遇到过一些主管，他们作出了超出同事及高层管理人员预期的选择并取得了成功。一位在消极环境中工作的主管选择在家边看电视边处理行政工作，因为他认为花更多时间在现场与员工沟通更重要。同事觉得他疯了，但他带领的团队绩效最佳。他清楚什么才是关键，因此即便牺牲个人利益也坚持这样做。

理想情况下，公司本应意识到他成功的原因，并通过减轻行政负担来鼓励其他人花更多时间与员工共处。但在此案例中并未实现——管理层因进度滞后和产品质量问题而执着于降低成本。紧盯开支与生产进度并未解决问题，但他们始终未能转向以关系为中心的领导模式，最终公司被收购。

8.2 坚定决心会演变为固执吗？

在面临多种选择、对立观点或相互冲突的情绪时，坚定决心是推动前进的必要力量。所谓“坚定决心会演变为固执”，指的是面对新证据或发现自身错误时仍固守立场，拒绝调整。这种固执可能源于对“不得不推翻原有决定”的抵触心理。何时该坚定决心、何时需灵活变通，往往需通过经验积累来判断。

以下案例讲述了一位工厂厂长的故事：他坚持自认为正确的立场，却发现不得不调整策略以实现核心目标。他必须反思——自己的坚定决心究竟落脚于何处？是机械执行制度，还是构建一个让人们能够谈论错误以维持更高安全水平的共同体？

我当时正在为这家试图改善安全记录的化工厂提供咨询服务。当时的情况是，工会与管理层已达成协议，鼓励员工分享未遂事件（Near Miss），且不用担心受到惩罚。但不久后，一名员工主动上报未执行“上锁挂牌程序（LOTO）”的未遂事件，工厂厂长却要求主管在其档案中添加违纪记录。安全负责人劝阻称，此举会被视为管理层违背承诺。

工厂厂长态度强硬，因为他坚信自己是对的。未执行 LOTO 可能引发严重后果，若放任不管会传递有关责任担当的错误信号。最终该员工的档案中被加入违纪记录，工会代表随后提出申诉。工会甚至因此考虑退出正在进行的合作谈判。

面对这一不理想的结果，工厂厂长回想起我曾主持的一场关于打破不信任循环的研讨会（详见第4章“信任管理：修复、建立与维系”）。通过回顾该模型，他意识到：自己为保护员工安全的初衷之举，竟被解读为攻击性行为——甚至是一种背叛。他明白，自己的行动已引发信任危机，必须立即补救，否则事态将失控恶化。

他决定召开全员会议，就违背“不因上报未遂事件而处罚”的承诺公开道歉，并绘制“不信任循环”模型图解自身行为如何破坏信任关系。他同意撤销员工档案中的违纪记录，并提议由工会与管理层联合委员会共同优化LOTO的实施流程。工会接受提议，谈判得以顺利推进。

这一案例揭示了“坚定决心”与“是非观”的深层关联。工厂厂长最初坚信，唯有通过纪律处分才能彰显LOTO的重要性——他不愿在自己任期内发生伤亡事故。改变决定对他而言异常艰难，但最终他通过行动与员工重建信任、树立威信，并推动了安全计划的实质性进展。他领悟到：纪律并非员工对某项流程重要性认识的唯一手段，甚至可能并非最优解。

参考文献

1. Baer, D.(2014). How changing one habit helped quintuple Alcoa's Income. Business Insider. Accessed 9/25/2018. https：//www.businessinsider.com/how-changing-one-habit-quintupled- alcoas-income-2014-4.

第9章

五大领导力对话导向——付诸行动

卡尔·韦克（Karl Weick）将“付诸行动”（Enactment）定义为：人们主动采取行动以理解事物运作机制并解决问题（1988；2009；Weick and Sutcliffe，2007）。它也是一种应对不确定性的方式。因此，付诸行动是学习过程的一部分。采取行动有时会导致错误，而这些错误同样是学习过程的组成部分。

付诸行动——采取行动以解决问题——会引发一系列事件。有时事态会朝着你的预期发展，有时则会偏离轨道。这些结果唯有在行动之后才能被观察或理解。即便最终收获理想成果，事后反思时也可能发现：若当初选择不同路径，或能规避某些负面经历。

当我们未能达成预期的结果时，这一行动通常被称为错误。我们常说错误是学习的机会，但我们却习惯性地认为错误是不对的，犯错就意味着失败。你拿到考试成绩，视觉焦点自动聚焦于红色错题标记。你收到评估或反馈表，即便只有寥寥一两项低分，其余都高于平均水平，你也会只关注那些低分项。

这种反应源于对被否定或被评判为“不如别人的人”的恐惧。我们可能因过度追求“正确”和“被他人认可”而陷入思维僵局。这种心态未必出于主观意愿。人类原始的脑区——下丘脑，会向我们传递这样的信号：被拒绝可能引发被孤立，而被孤立可能危及生存。这种神经关联如闪电般快速，且往往难以察觉（Eisenberger et al., 2003；Eisenberger and Lieberman, 2005；Eisenberger and Cole, 2012）。这种恐惧渗透于组织肌理，不仅阻碍充分沟通，更抑制创新活力。

付诸行动就是将理念或愿景付诸行动——使其转化为现实存在。我喜欢这一“如何创造改变”的解释，这意味着改变我们周围的现实。这与“制订一份列满改进措施的行动计划就能解决复杂问题”的简单化思维截然相反。事实上，我们的每个行动都会改变当前处境。因此，当谈及付诸行动时，意味着反馈必须持续进行，以便及时修正方向。

行动创造现实。行动改变预期结果的走向。如前所述，对话是组织内部一种主要的行动形式。但人们的行为——他们完成任务或使用空间的方式——也是一种行动形式（Rojas, 1982）。这就是偏离行为发生并影响程序或流程实施方式的原因。人们的行为模式天然承载着其对现实的感知。正如一位因未遵循实验室程序而被质问的员工告诉我的那样：“我确实是按照程序操作的，只是稍作调整，使其更实用。”每个人都拥有这种内在调节机制：既追求创新，又依赖惯性。若想与团队保持共同认知与方向，就必须持续校准。而持续对话，正是领导者将行动付诸实践的核心方式。

没有行动，你就无法实现心中所构想的成果。然而，采取行动的方式多种多样——包括按兵不动、战略后撤，以及正面推进或迂回策略。有时，“什么都不做”恰恰是最优选择。当形势不利时，当你缺乏推动变革所需的支持时，或许正是战略后撤的时机。静待时机、积蓄支持，也是一种有效的行动策略。当然，在此期间，你可以专注于采取行动争取更多支持。

坚持不懈（Perseverance）的本质，就是将付诸行动视为学习过程而非终极解决方案。正因如此，韦克建议在条件允许时，先采取小型试验性行动，再推行大型行动。解决问题的行动需与目标结果相匹配，这也解释了为何我强调关系型领导模式——通过惩罚或指责无法赢得认同与信任。我们的每个选择都影响他人，组织的每一处行动都牵动全局。唯有倾听他人意见并跟进落实，领导者才能构建信任关系，善用集体智慧。若空喊“安全第一”却未将人放在首位，无异于自招灾祸。

卡尔·维克（Karl Weick，2009）在探索“付诸行动”时，剖析了1984年博帕尔灾难。尽管事故的直接诱因是物理性故障，但根源却始于被忽视的人际关系。

这家工厂一直在亏损，所以高层管理人员只拨出有限的资金来维持其运营。接管该工厂的管理层的假设是，工厂已无足轻重。一位前项目工程师表示：“工厂一直在亏损，而高层认为节省资金比安全更重要。”

不仅维护工作糟糕，而且，员工们也深感自身部门无足轻重。这导致了士气涣散、离职率攀升以及“按章办事（机械执行规章）”的现象。这一做法导致弹性空间消失，最终形成这样一种现实：员工士气低落，丧失技术掌控力，使得错误更难被遏制。高层管理人员对博帕尔工厂的感知，驱动了印证其感知的“付诸行动”行为，形成自我应验的预言。

这一案例凸显了人际关系在安全改进实践中的重要性。然而，让领导者接纳这一视角充满挑战。我们对人际关系的敏感度取决于我们在等级制度中的地位——权力越大，被排斥的可能性越低；权力越小，对排斥的感知越强烈。如果我们希望成功实施安全计划，采取能营造心理安全感的方式行事是很重要的。

实现更高水平的安全绩效需要一套新的假设与信念，用以重新解读我们所处的环境、意图和事件。关系型领导力的八大信念为此指明了方向。基于这些信念，我们所提出的问题、调研的影响因素以及考虑的解决方案，都以一个核心假设为导向——责任担当与成果的达成，源于包容性、尊重以及对差异的重视。

我们的行动选择基于对周遭事物的解读，而所见所闻又受制于我们内心认定的“真相”。例如，若某管理者坚信员工是“问题制造者”，当他看到其他团队成绩斐然时，可能会将其成功归因于“运气好招到了好员工”。然而现实往往并非如此——这也正是我记录并讲述那些“无论身处何地都能打造卓越团队”的管理者故事与信念的原因。

参考文献

1. Eisenberger, N.I. and Cole, S.W. (2012). Social neuroscience and health: Neuropsychological mechanisms linking social ties with physical health. Nature Neuroscience, 15: 669–674.

2. Eisenberger, N.I. and Lieberman M. (2005). Why it hurts to be left out: The neurocognitive overlap between physical and social pain. In: Williams, K.D., Forgas, J.P. and von Hippel, W. (Eds). The social outcast: Ostracism, social exclusion, rejection, and bullying. NY: Cambridge University Press, 109–127.

3. Eisenberger, N.I., Lieberman, M.D. and Williams, K.D. (2003). Does rejection hurt? An fMRI study of social exclusion. Science, 302: 290–292.

4. Rojas, J.T. (1982). The enacted environment: The creation of "place" by Mexicans and Mexican–Americans in East Los Angeles. Thesis for MSc in architecture and design. MIT University.

5. Weick, K. (1988). Enacted sensemaking in crisis situations. Journal of Management Studies, 25 (4), 305–317. Accessed 9/2/2018. https://onlinelibrary.wiley.com/doi/pdf/10.1111/j.1467- 6486.1988.tb00039.x.

6. Weick, K. (2009). Sensemaking in the organization. MA: Blackwell.

7. Weick, K. and Sutcliffe, K. (2007). Managing the unexpected. San Francisco: Jossey–Bass.

第10章
五大领导力对话导向——坚持不懈

人人皆蕴藏无限可能——始于未竟的潜能。

拉尔夫·沃尔多·爱默生

一旦采取行动，面对挫折或突发事件时，就需要以坚持不懈的心态坚持到底。通常，障碍被视为需克服的负面力量，但它们也可能是有益的——因为它们迫使人们放慢脚步重新审视。若将失败与障碍视作学习契机，它们便成为通往成功之门。正如牡蛎将恼人的沙粒化为珍珠的隐喻所示。

在“付诸实践”一词之后，“坚持不懈”一词始终萦绕在我心头。当项目推进处处碰壁、支持迟迟未至或尝试屡屡受挫时，放弃的念头难免萌生。任务可能很艰巨，问题可能很复杂。有时目睹员工在高压环境下挣扎，甚至怀疑“期望人们不受伤”是否只是理想主义空谈。我偶然读到一句话，深得共鸣：“对抗精神疲乏，唯有一法：不设防；重新观察，重新感知”（Rukkila，1989）。它启示我：我们前进和应对挑战所需的信息就在我们周围。唯有放下先入之见与自我保护的姿态，保持开放甚至脆弱，才能真正扭转困局。重新审视身边人的真实处境吧！当伤害发生，无人能独善其身——无论是管理者还是员工。所有人，皆为命运共同体。

我来分享一个我通过重新审视问题而获得突破的经历。

某天主持问题解决会议时，我真想中途放弃。环顾四周，所有人都在发短信或用笔记本电脑工作。我说道：“哦，这是你们的问题，但是只有我一人在想办法解决。今天就到此为止，下周再重新开会吧。”

我翻遍所有书籍，试图找到重聚后该做些什么的灵感。我认为我应该明确指出该团队缺乏所有权意识。我拨通了一位同事的电话，她推荐了几种方法。突然间，我被一股强烈的疲惫感淹没。我已无力再开启一场“艰难对话”。精力耗尽之际，我甚至想放弃，任由他们自行其是。

我不愿轻言放弃，于是陷入沉思。他们心底善良、关心员工，为何却表现得如此心不在焉？是否也因倦怠而无力投入？他们在会议中埋头刷手机、敲电脑，是否因未完成的任务将挤压夜间时间？于是我决定基于这样一种信念采取行动，即每个人都具有作出贡献的能力与意愿。同时，我深知每个员工和管理者都希望听到但很少能听到的一句话就是“谢谢”。

在下一次会议上，我让每个人抽一张纸条，上面写着房间里某位参与者的姓名。这项任务是讲述那个人为何以及如何为公司作出贡献。他们个人以及公司是如何从中受益的？他们 12 个人花了数小时完成了这件事。

结束时，我听到有人说他们从未有过这样的体验。最终，我们达成了几项共识：准时结束休息返回会议、仅在紧急情况下处理短信。直到项目完成前，大家基本遵守了这些约定。若有人违反，简单提醒即可回归正轨。

事后，有人评论说他们看到了我如何实践自己正在讲授的信念。他们也注意到团队正分崩离析、成员们不再按时到岗。通过让人们知道他们受到重视来实现责任担当，这种创新方式令人耳目一新。他们离开时打算将此法应用于自己的团队——我衷心希望他们真的尝试了。

我希望这个故事能成功传递保持坚持不懈心态的价值。不要放弃任何人。当你看到有人没有尽到责任时，尝试用不同方式回应他们的行为。我们期望员工展现的责任感与所有权意识，可以通过认可和重视他们的贡献来培养，而非通过对抗、归咎和指责。当我让管理者写下最想听到从上级口中说出的两个词时，答案总是“谢谢”或“做得很好”。关注员工的责献并回应他们的关切，可能是管理者达成目标最重要的行动之一——因为我们彼此依存，且依赖相互间信息传递的质量。

八大信念滋养着对人际关系的坚持不懈。它们构建了一种看待世界和他人的视角：既接纳人的无限潜能，也包容其局限。即使对他人失望，仍保持尊重与包容，方能维系人际关系——人们很少将自己不受欢迎的行为视为过错，若被指责居心不良，反而会视为不公评判。若你换个视角，或许能发现他们的闪光点，而当你展现这种看法时，他们的奉献意愿将自然生长。

坚持不懈之所以成为可能，是因为将错误与失败视为重新审视自身信念与假设的契机。失败在我们内心开辟了一个前所未有的空间——一个容纳洞察与理解的新维度。诗人鲁米说："伤口是光进入你内心的通道。"我们的错误会创造出缝隙，让光芒得以穿透，照亮那些我们遗忘的自身所拥有的才能和可能性。我们可以选择紧盯导致错误的弱点，但更可以寻找那些能将你和团队推向更高层级的潜力。

因此，坚持不懈意味着：即使事情发展不如预期，甚至在取得成就后也不停止前进。人们容易感到精疲力竭，或急于推进事务进程，但不必因此感到孤立——因为人生本就是一连串挑战，追求更优结果的要求永不停歇。当与他人建立人际关系时，你无须孤军奋战。通过坚持不懈，你终将看到照亮现状的光芒，并实现内心坚信的目标。

参考文献

1. Rukkila，J.（1989）. Alice's hunch. The Sun Magazine. November. Accessed 9/25/2018 . https ：//www.thesunmagazine.org/issues/168/alices-hunch.

第 11 章

总结——安全领导力的“关系革命”

安全领导力的人际关系因素是真实存在的。人际间的联结或许无形，但它们激发的感受与成果同样真实可触。领导力发展的未来在于，赋予管理者在关系驱动型环境中所需的技能与知识。

关系型领导力具备拓展领导能力的潜力，可助力安全管理从单纯的危险管控转向更人性化的管理方式，从而促进员工参与与持续改进。其最终成果是打造一个人人成为安全工作伙伴的工作场所，共同致力于不断提升作业安全水平。它不仅意味着消除危险，更能培育众多组织迫切寻求的高度参与的员工队伍——他们主动参与安全管理，持续推动安全绩效提升。

本书提供了支持如下结论的研究和故事：

· 领导力的质量等同于组织内人际关系的质量。

· 若你希望员工参与，必先践行包容性原则。包容催生人际关系，而排斥则摧毁人际关系，因为它会削弱个体的身份认同感和归属感。

· 人际关系与沟通具有不可分割性。

· 对话是组织变革的触发器与载体。领导者需为组织的心理安全感水平负责，从而影响组织的学习能力。

· 规章制度无法真正操控或引导人的具体行动。

· 可靠的安全管理系统需要全天候的安全议题讨论机制。

· 个体感知、选择和行动并非孤立进行，而是持续受到群体期望的影响。

· 领导力发展需培养一种决策素养——在决策中兼顾事实依据与情感共鸣。

通过聚焦人际关系的需求——包容感与归属感，我们就是在构建组织高效学习所必需的心理安全感。同时必须认识到，归属感需求与心理安全感必须保持动态平衡，因为冒险精神恰恰是创新过程中不可或缺的催化要素。

领导者与他人有相同的需求。自我成长的重要维度在于实现内在需求的自给自足，因为对外界认可的过度依赖可能催生决策盲区，最终诱发组织级危机。人们相互施压以求同质化思维的现象不会消失，因为这是生存本能。多数情况下，我们必须主动寻求不同观点，才能获得更精准的现实感知。

我提出了一种扩展性视角来理解人际关系的力量。人际关系不仅仅是存在于彼此了解或者经常交互的人们之间的情感纽带。在所有人类体内都存在着一种神经性联结，其目的在于生存。这是一种强大的联结力量，驱动着人类的动机。尽管我们可能只在个人对我们的幸福感至关重要及文化期望的背景下才意识到它，但其影响广泛。由于组织中的每个人都是相互联结的，乐观情绪或恐惧情绪（进而参与或疏离）会通过对话和互动蔓延开来，影响整个组织。

关系型领导力是引导他人进入人际关系积极状态的艺术。其核心路径始于构建对“现实图景”的共同认知，继而协同探索新的世界观。与传统通过计划和政策提升员工参与度和认知度的管理方式不同，这种方法映射了工作发生的真实形态——有机地通过无数人际互动自然生长。这本质上是卡普拉与路易西提出的非线性互联关系网络世界观，将组织变革从计划性调控转向信任群体自组织的模糊进程。若这种观点引发对风险的担忧，请谨记：自组织本就是组织运行的永恒常态。真正的管理命题在于，我们是否已赋能团队在不确定性中维系人际关系网络。若未能做到，沟通系统将逐步失灵，组织失效风险将呈指数级攀升。

我试图提供超越传统安全绩效改进举措的研究与案例。若认为规则、程序和技术足以提升安全，那么，这种观念会阻碍关系型领导力的接纳。安全改进的成效实际受限于人际关系的质量。案例中的领导者们直面安全管理的"人性面"——社交-情绪性问题，通过传递关怀、重视他人、敢于认错，他们赢得了推进安全举措所需的信任。

这种方法不意味着你永远不会在没达成共识时采取行动。如果你没有展现出做正确决策的能力，你也不可能当上领导。有时候你是正确的是因为听取了周围人的意见，有时候则是因为跟随了自己的直觉。如何知道何时该听别人的、何时该听从内心？信任很重要，而信任始于自信。

本书提出的关于人性的八大信念，构成领导者接受"人际关系是组织效能首要驱动力"的底层思维模式。这个框架指出：战略规划、奖励机制、考核制度、技术应用、组织架构等要素共同搭建了产品生产的"容器"，但真正能整合各要素、注入活力并让组织真正活起来的，是人际关系的力量。

我知道，我们每个人都曾经历过有人利用关系力量谋取私利而非顾全大局，也遇到过对包容努力无动于衷的人。然而，八大信念的核心在于：以积极眼光看待他人，更可能让我们以希望的方式达成目标。长期证据表明，大多数人确实渴望快乐并愿意作出贡献。研究还发现，金钱并非唯一（有时甚至不是主要）的激励因素。

"八大信念"与"五大领导力对话导向"模型是我试图探究那些善于建立良好关系并取得成果的领导者思维方式的尝试。根据我的经验，优秀的安全领导者通常也是出色的业务领导者。既然压力、多重任务和繁重工作量在高风险环境中普遍存在，为什么有些领导者更成功？神经科学和心理学从科学角度给出了答案，哲学也提供了视角，因为解决人类问题从来都不是简单整齐的解决方案。

这五大对话导向（融合共生、探究真相、坚定决心、付诸行动、坚持不懈）帮助领导者在过程中建立信任与心理安全感，从而降低自身与他人的焦虑。每种导向通过增强我们的联结能力、倾听能力、数据收集能力、信息解读能力及带领团队执行的能力，旨在维系人际关系并解决复杂问题。这一意义建构过程需要主动参与，不能仅凭思考完成。这不是可以按部就班执行的战略计划，它需要甘愿展现脆弱并进入不确定领域——因为我们明白“做自己”与“允许他人做自己”所带来的风险。

关系型领导力策略旨在尊重个体的情绪与社交需求，鼓励人们相互质疑与挑战——而不是强求统一。该方法最重要的关键成果之一，就是建立领导者与追随者之间的信任。虽然关注员工情感很重要，但就算领导再有同理心，很多时候也没法阻止公司作出伤人心的决定。如本书案例所示，当领导者花时间倾听、了解员工并展现关怀时，敌意会减少甚至消失，团队在困境中仍能保持协作。通过研究如何建立与维系工作场所中的人际关系，我发现最关键的就是要真心尊重每个人，重视他们的贡献。

我衷心希望本书能将“人际关系”这一主题引入有关如何引领安全绩效的对话之中。特别希望读到本书的管理者能把它分享给他们的安全负责人。同时，我尝试涵盖环境、安全与健康（EHS）专业人员正面临的诸多挑战，以明确需重点发力的专业领域。希望 EHS 从业者阅读后能与管理者分享。许多 EHS 专业人士正致力于成为领导者与变革推动者——以构建双向支持的安全文化。

世上既没有完全独立的全能者，也不存在单打独斗的创造者。我们每个人都活在一张人际关系编织的网里——这张网帮我们找到自我价值，指明人生方向，还让我们能汲取前人的智慧。有时候这张网是隐形的，比如已故亲人或远方导师对我们的影响。当然我们也会受现实权力和知识盲区的限制——正因如此，更需要用心经营人际关系网，抱团学习、适应环境、共同成长。

我小时候在美国和墨西哥都生活过，结果在两个地方都受排挤——在美国因为肤色深被歧视，在墨西哥又因出生在美国遭白眼。好在这样的文化背景让我对引发排斥的那些情绪特别敏感。花了一辈子才想明白：排斥问题远不止肤色、性别、性取向或宗教信仰这么简单。每个失败的项目或组织背后都有排斥问题作祟。最难的地方在于，大多数时候我们根本没意识到自己在排斥别人或某个群体。

我并非忽视某些群体与个人因种族主义与歧视遭受更严重排斥的痛苦现实。我认为，若我们能认识到排斥如何影响所有人，便能更深刻理解这种状态为何剥夺了人类获取如此多创造力与创新的机会。这种认知加上科学发现——人脑天生自带归属渴望和对异己者的恐惧——或许能将对话从指责转向激励，转而激发我们培养更强的包容力。

本书中，我既列举了引发排斥的行为（即让他人感到不被重视或受辱），也描述了传递关怀与重视贡献的行动。这种需求是人人都有的。我的热情与快乐，在于能以各社会阶层可接受的方式书写并传授这些理念。最近一次培训中，我面对一群矿业主管——当时正逢工人罢工，他们一想到回去要面对怨气冲天的员工就倍感压力，甚至昏昏欲睡。但当我看到他们眼睛亮起来、加入讨论，最后带着重新出发的干劲离开教室时，就觉得一切都值了。

参考文献

Capra，F. and Luisi，P.L.（2014）. A systems view of life：A unifying vision. NY：Cambridge University Press.

附 录

提升心理安全感的团队活动

心理安全感是一种共同信念，即团队在人际风险承担方面是安全的。它可以定义为“能够展现并运用自我，而无须担心对自我形象、地位或职业造成负面影响”（Kahn，1990；Edmondson and Lei，2014）。在具备心理安全感的团队中，成员感受到被接纳、相互尊重与信任。

团队领导者、安全专业人员或总经理如何提升团队或组织内的心理安全感水平？现有大量研究强调心理安全感对组织创新、信任及协作的重要性，但关于如何通过具体活动构建心理安全感的探讨较少。

心理安全感水平似乎与支持并创建它的情商水平密切相关。这些技能能让同事被倾听和鼓励，并常常激发员工的最佳表现。排斥或对排斥的恐惧，往往是导致团队信任破裂、冲突加剧和责任担当缺失的最常见原因。由此产生的低信任度，会导致团队成员无法充分表达反对观点，并害怕主动直言或提出问题（以免暴露无知）。

掌握情商技能有助于在对话中构建心理安全感，但要在团队中建立归属感，需通过集体活动让人们感到被接纳和包容。那些能揭露在会议中通常被隐藏的情绪与感受的练习，往往能减少许多阻碍学习与相互理解的防御性行为。冲突管理和个人反馈培训虽有益，但当其失效时，通常可追溯至参与者之间缺乏建立具有归属感的人际关系。

如何通过讲述个人故事创建心理安全感

讲述你的故事可以简短如“说说你今天担忧或兴奋的事”，亦可详尽如“分享你人生至今的高光时刻与低谷时刻”。

讲述个人故事的魅力在于它能激发同理心，打破通常令人感到孤立与孤独的隔阂。当我们倾听他人的故事——他们的感受、当下的经历——我们会意识到彼此的共同点，这种联结感至少能暂时消除孤立感。它的魔力小到能让一次会议前的紧张化作茶水间的暖心对话，大到能让人通过见证他人的坚韧，找到属于自己的勇气之源。

分享的层次

分享的时间与深度随以下三个层次逐级提升。

层次一：联结者（破冰者）（10 分钟）

我知道很多人讨厌破冰活动——觉得这些活动又尴尬又做作。特别是当这些活动与会议或对话目的关联性低时，尤其如此。破冰活动的有效性还取决于个体对“建立联结的重要性与目的”的信念强度。

将概念从“破冰者”转变为“联结者”，可改变活动的目的与意义。例如，在高管会议中，一个有效的活动是让每人分享“为参会而不得不搁置的紧急任务”，或分享一项近期成就。此举既能让与会者聚焦当下议程，又能深入理解彼此的工作，从而促进信任与相互尊重。

层次二：欣赏式探询（1~2 小时）

琳达·夸尔斯在一次研讨会上通过提出一个简单的问题，展示了同理心创造归属感的力量：请分享一段（工作或生活中）感受到归属感的经历？你在此过程中最珍视自己的什么特质？归属感的核心价值是什么？若能用三个愿望为工作场所中的每个人创造归属感，你会如何许愿？最后，参与者被要求写下他们个人的承诺，即在个人生活和职业生涯中为他人营造归属感。新的友谊得以建立，大家交换了联系方式，并承诺会更多地参与其中，以同理心倾听。

层次三：讲述你的故事（4 小时）

这项活动聚焦于个人感受与情绪的表露——分享塑造你世界观的事件。需设定基本规则：每个人都有权决定透露多少以及深入到何种程度。然而，人们所透露的内容之多总是令我感到惊讶。

一个例子是 20 世纪 60 年代首创的“生命线练习（lifeline exercise）”。它极其有效地帮助团队建立联结，为开放式沟通铺路。每位参与者需独立绘制人生时间轴，标注至少七个影响人生的高光时刻与低谷时刻，随后在小组内分享。关键要求：每组不超过 12 人，若人数超出则分小组进行。

总结讨论可引导至制定新团队协议，以鼓励会议及一对一关系中的信任与开放。核心问题包括：你从他人故事中了解到什么？这些认知有何意义？未来你将采取哪些行动或改变？

这种活动常用于高管务虚会，我也开始将其应用于新员工入职培训，以跨越职能与层级建立关系。它能满足归属感和包容需求，因为人们会感到被看见、被认可和被理解。同时，这种活动也能带来职业满足感——通过分享成就与经验，可以展现个人专业能力。

人们分享的内容远超想象，并在活动后表达出一种归属感与相互理解，从而促进更深度的对话。为何会产生这样的效果？我们又为何倾向于回避此类活动？

“讲述你的故事”为何及如何有助于团队成长与个人发展

若存在恰当的跟进与支持，“讲述你的故事”会具有变革性力量。其历史可追溯至“12步疗法”——参与者在无评判性环境中分享情绪、感受、挣扎与胜利。这种经历能营造身心安全感，让人感到被理解且被全然接纳。

在戒瘾康复过程中，“讲述你的故事”能提醒你如何失去并重获人生掌控权，成为坚持康复的动力。它能激励那些在康复路上落后于你的其他人继续前行，还能打破那种常常导致绝望的孤立感。

约瑟夫·坎贝尔的《英雄神话》与此高度契合。分享个人故事能将奋斗历程转化为勇士对抗阻力、通过发现潜藏的内在救赎力量而终获胜利的叙事。这种力量需被自我与他人共同认知，方能真正焕发生机。

一想到要在工作场所使用这种方法，人们可能会产生恐惧。但无需担忧，因为分享的深度可以通过设计的问题来控制。即使不透露最深层的秘密或最糟糕的经历，也能提升信任与沟通水平。

“真实自我”的窗口只需略微开启，便能产生巨大收益。例如，许多人通常不愿分享的细节可能包括：家庭细节或成就、获得的学位数量或无人知晓的才华爱好。但是，我们在工作场所践行此法时，员工常会分享亲人的病患经历、曾克服的困难或影响自己的导师。

人本主义疗法创始人卡尔·罗杰斯提出的“无条件积极关注”，指对他人毫无保留的尊重与珍视，包含接纳、同理、慈悲与关爱。当个体在职场中获得这种全然接纳的体验，感受到真实自我被认同，将引发个人与组织的双重蜕变。

以下真实案例最初源自罗辛与施皮格尔主持的《无形之物》播客（2017年），有力佐证了“分享人生经历能显著提升安全水平、团队协作与个人发展”的观点。案例中的钻井平台通过实践该理念，不仅使事故率骤降 84%，更超额达成了生产目标。

里克是一名深海钻井平台主管，承受着工作与家庭的双重压力。他开始参与一个要求成员分享故事与痛苦的心理治疗小组，这是唯一无须强装镇定的场所。周围人甚至流泪，但他始终未哭——既要在妻子面前保持坚强，也要在团队中维持硬汉形象。在极寒温度、持续危险和漫长轮班成为常态的严酷环境中，隐藏情绪、绝口不提个人困境的做法，为他赢得了广泛尊重。

然而，治疗师一直坚持让里克敞开心扉，吐露自己的感受和情绪。于是他决定带上儿子来，最近他跟儿子交流很困难——也许在该小组心理安全的环境里儿子会愿意说说心里话。儿子来了之后，里克听到的话让他大吃一惊。儿子告诉他，看到他在小组里畅所欲言，让他意识到自己多么希望父亲在家里也能这样坦诚相待。跟父亲相处很艰难，因为父亲要求太多，很少让儿子知道他的真实感受。

随着里克开始对儿子更加坦诚，他们的关系也变得更为亲密。这让里克开始思考在与团队成员的交流中加入情感和感受。他知道他们承受着多大的压力，想知道这是否能改善钻井平台的工作生活。

他邀请心理咨询师为团队开展了多次辅导。在为期一年的时间里，团队组织了数次专项交流活动，核心诉求是让每位成员都能充分分享自身的各层面经历。其中一位员工讲述的亲身经历尤为震撼：他曾目睹一位年轻同事惨遭断头而亡的恐怖场景。但当时公司仅给予这位目击者 15 分钟调整时间，随后便要求其继续工作，而当时所有人都认为这样的处理并无不妥。

里克组织这些活动的初衷是为了帮助团队成员缓解压力，提高生活质量。他未曾预料到事故率会因此下降 84%，更没想到作业队生产数据会突飞猛进。

原因何在？一名钻井平台员工的讲述给出了答案：

起初我们所有人都很抵触。为什么要参加这些矫情的情感交流活动？但渐渐地我们发现，倾听彼此故事、倾诉人生困境的经历，正在改变工作氛围和协作方式。有位工友的孩子罹患癌症，他在分享时崩溃痛哭。

用一位参与者的话来说："事故率下降是因为我们开始敢于沟通和提问。比如有个仪表我看不懂，但怕丢脸就一直不敢问。现在我们能直言安全隐患，而不必担心被视作懦夫。"

持续跟进，以便取得成果

大量研究证实为团队成员创造深度了解彼此的机会具有商业价值。普林斯顿大学的乌里·哈森指出，在聆听他人表达情感时，我们的大脑会产生同步反应。因此，当我们讲述故事塑造思维与生活方式时，会对他人产生深远影响。

促进成员相互了解是建立信任与开放式沟通的秘诀之一。这个方法直接且简单。我知道有些管理者会立即实践，选择在会议开场或下次团建时进行简短交流。他们将见证团队协作质的飞跃。另一些人则认为这是华而不实的过度私人化行为。但该方法的成效深度，取决于你对它的信念程度与自我袒露的勇气。

作为领导者，你能做什么？

讲述你自己的故事以加强与他人的联结。安排简短对话让人们分享他们正在经历的事情。如果你正在启动一个项目，策划一个更长的活动，让团队成员能更多地分享他们是谁以及他们掌握的、可能影响项目的知识。

领导者在创造心理安全感方面的主要角色是以身作则，为整个团队定下基调。这包括成为第一个展示自己的人性和不完美之处的人。提出问题，对他人工作和知识展现兴趣。征求反馈，并在适当时承认批评。

参考文献

1. Edmondson, A. and Lei, Z. (2014). Psychological safety: The history, renaissance, and future of an interpersonal construct. Annual Review of Organizational Psychology and Organizational Behavior, 1: 23–43.

2. Kahn, W.A. (1990). Psychological conditions of personal engagement and disengagement at work. Academy of Management Journal, 33 (4): 692–724.

3. Rosin, H. and Spiegel, A. (2017). Learning to be vulnerable can make life safer. Invisibilia podcast. Accessed 9/16/2018. https://www.npr.org/sections/health-shots/2016/06/17/482203447/invisibilia- how-learning-to-be-vulnerable-can-make-life-safer.

《安全关系力》通过个人经历与研究综述，揭示了开放与信任的面对面关系在整个安全领域的重要性，填补了日益重要的“安全文化”概念的缺失环节。本书展示了开放式沟通、信任、心理安全感如何依赖于层级间及工作团队内部的人际关系。人际关系在所有高危行业中都至关重要，也是医疗保健系统中患者安全的核心。本书应成为所有安全工作者、管理者及领导者培训的基石。

——埃德加·H. 沙因（Edgar H. Schein），麻省理工学院斯隆管理学院荣休教授，与彼得·沙因合著《谦逊领导力：关系、开放与信任的力量》(2018)

感谢你，罗莎，以如此雄辩的方式提醒我们：管理人的安全与管理他们操作系统的安全并不相同。你创作了一本可读性强、具体的工作指南，帮助我们理解如何建立并滋养作为安全领导力成功基石的人际关系。

——西德尼·德克尔教授（Protessor Sidney Dekker），安全科学创新实验室，格里菲斯大学，澳大利亚布里斯班

多年来，安全管理领域几乎将全部精力都倾注于试图控制或纠正员工行为上。结果，许多公司被淹没在普遍规则、核心规则、过度复杂的程序和高成本行为矫正方案的海洋中。最终造就了成本高昂且过度复杂的工作环境，使得完成任何工作（包括安全工作）都异常困难。更糟糕的是，包括美国在内的许多国家，严重事故和死亡人数实际在上升。在《安全关系力》中，卡里略女士为我们指明了一条更具成效和可持续性的路径——将员工视为资产而非负债。通过真实故事和案例，卡里略女士论证了需要修正的不是我们的工作人员，而是我们陈旧的命令控制式领导方法。她以睿智且令人信服的方式指出，与其不断叠加管控措施，不如通过与员工建立人际关系与伙伴关系来推动组织卓越发展。

正如卡里略女士在其关系型领导力八大信念中所言：员工具有为所在企业成功作出贡献的能力与意愿。我可以用亲身经历证明这一论断的真实性，相信卡里略女士这本发人深省的新作也将说服您。虽然本书聚焦安全领导力，但其关于基于信任与尊重构建员工人际关系的深刻洞见具有普适价值。明智的企业日益认识到，员工不是需要被管控的问题，而是推动解决方案与持续改进的积极资源。任何关注通过员工参与推动组织卓越发展的人士都会从本书中受益匪浅。

——吉姆·劳德（注册安全专家、理学硕士、公共卫生硕士）(Jim Loud CSP MS MPH)，独立顾问／作家，拥有40年大型商业核电站及洛斯阿拉莫斯国家实验室企业管理经验

我关注罗莎的研究已有十五年。作为研究者，我赞赏她将科学与实践经验相结合来阐述人际关系的内涵与价值的能力。这一要素虽是员工参与与领导力的核心，却鲜少被讨论或提及。感谢罗莎以非凡洞见启迪我们，并勇敢发声。对于真正关心员工安全与幸福感的领导者，我诚挚建议研读此书，并准备好迎接它将引领你开启的内省之旅。

——梅丽·林博士（Mei-Li Lin，phD.），创新、解决方案与合作伙伴关系高级副总裁，DEKRA

罗莎·安东尼娅·卡里略（Rosa Antonia Carrillo）是卡里略联合公司（Carrillo and Associates）总裁，同时也是国际公认的变革型领导力专家，她长期聚焦安全、环境与健康领域的变革推进，深耕安全领导力方向；自1995年起，她不仅在安全领域发表多篇开创性文章，还为全球多个国家、跨行业客户提供了专业的安全领导力咨询服务。